NO TE QUEDES AHÍ PARADO. ¡HAZ ALGO!

— Pierre Nodoyuna

© Ediciones Kōan, s.l., 2023
c/ Mar Tirrena, 5, 08912 Badalona
www.koanlibros.com • info@koanlibros.com

Título original: *The Book of DO*
© The Do Book Company 2023
Works in Progress Publishing Ltd
Traducción © Eva Dallo 2023

Introducción y edición © Miranda West 2023
Texto © autores individuales
Traducción © Eva Dallo
Imágenes © fotógrafos y artistas individuales, ver pág. 287
Ilustraciones de cubierta © James Victore 2023

ISBN: 978-84-18223-85-3 • Depósito legal: B 18748-2023
Diseño de cubierta: Tom Etherington
Ilustraciones de cubierta: James Victore
Maquetación: Cuqui Puig
Impresión y encuadernación: Liberdúplex
Impreso en España / *Printed in Spain*

1a edición, noviembre de 2023

¡Haz algo!
Un manual para vivir

Cada uno de nosotros recibe el mismo número de horas al día, pero algunas personas hacen que sucedan más cosas en ese lapso de tiempo que otras.
¿Por qué?

Bueno, han desarrollado una habilidad muy importante en la vida, una que raramente se enseña. Han aprendido cómo pasar de las «palabras» a la «acción».

Han descubierto el secreto de «hacer».

Prólogo

Las ideas pueden ser poderosas. Nuestra editorial fue una de esas ideas. En 2011, tras atender a una Do Lecture en línea, envié un *email* a los responsables preguntando si habían pensado en publicar libros escritos por sus oradores. Me respondieron y, aproximadamente un año más tarde, una nueva editorial independiente veía la luz.

Nuestra intención era publicar «libros que inspiran la acción». Guías concisas, centradas en el «hacer» y no en la teoría de fondo. En animarnos a alcanzar nuestro pleno potencial, mejorar nuestras vidas y el mundo que nos rodea. Espero que, durante estos últimos diez años, de alguna manera, nuestros libros hayan logrado ese objetivo.

¡Haz algo! Un manual para vivir reúne extractos e imágenes de los casi cuarenta títulos de la colección (¡y sumando!) para crear así un «manual para vivir» que proporcione sabiduría y consejos sobre cómo llevar una vida más plena y sostenible, trabajar de manera más inteligente, e incluso, tal vez, cambiar de rumbo. Esperamos que te resulte fácil navegar a través de secciones temáticas que incluyen: cambio, ideas, trabajo, equipo, creatividad, sostenibilidad y, por supuesto, tú.

Este libro rinde homenaje a la obra de una serie de pioneros hacedores con talento. Incluye los testimonios de aquellos que «lo han visto y lo han vivido», personas a las que ahora tenemos el privilegio de llamar «nuestros autores», e incluso amigos, e imágenes de algunos de los mejores pensadores y creativos que existen, incluido nuestro diseñador de portadas desde hace tiempo, James Victore.

Es curioso, mágico incluso, el poder que un objeto inanimado tiene para cambiar vidas. Poder para hacer que nos levantemos y nos movamos, que descubramos algo nuevo, que cambiemos de rumbo, que comencemos algo.

Esperamos que también a ti te depare algo emocionante.
Sigue leyendo y haciendo.

Miranda West
Fundadora y editora
The Do Book Co.
Londres, 2023

Introducción

¿Estás cómodamente sentado? Bien. ¿Tienes una bebida refrescante a mano? Estupendo. ¿Comenzamos entonces nuestro viaje? Fantástico.

Este libro que tienes en las manos se convertirá en tu guía de viaje, billete y pasaporte a un nuevo destino. ¿A dónde vamos exactamente? Bueno, no estoy seguro, eso tienes que decidirlo tú…

Es posible que acabemos despertando tu curiosidad por un nuevo hobby o poniéndote en la senda de una nueva carrera profesional. Quizá sea la primera vez que vuelas sin compañía y el abanico de lugares que visitar o caminos que seguir te resulte abrumador. No temas, estoy aquí para guiarte.

Lo que quiero decir con esta introducción ridículamente cargada de metáforas es que me gustaría que tú, querido lector, emprendas un «viaje» (perdón por la jerga estilo *Factor X*), encuentres lo que amas y te concentres en ello. Tu objetivo final es fusionar lo que te gusta hacer y lo que te pagan por hacer, ¡de manera que acaben siendo lo mismo!

El trabajo es «trabajo» y la diversión empieza cuando acaba la jornada laboral. Pues no, no tiene por qué ser así. Encontrar o crear un trabajo que te guste y englobe todas tus pasiones e intereses es totalmente posible. También lo es encontrar una nueva vocación, dar un giro de 180 grados y volver a empezar. Todos nos merecemos la oportunidad de descubrir e intentar hacer las cosas que nos hacen felices.

     Texto de *Vuela*, de Gavin Strange

¿Te has dado cuenta de que se te ocurren más ideas cuando no estás pensando en lo que deberías estar pensando? Mmm

EL CÓDIGO DEL CREADOR

1. **Encuentra lo que más te gusta.**
2. **Dedica tu vida a ello.**
3. **Confía en tu instinto.**
4. **Ignora a los que dudan.**
5. **Persigue un trabajo, no el dinero. (El dinero ya llegará.)**
6. **Utiliza tus ideas para hacer que este mundo avance.**
7. **No decepciones a tus ideas: ejecútalas bien.**
8. **Trabaja con personas geniales.**
9. **No hay atajos. Tienes que meter horas.**
10. **El buen café ayuda.**

ESTE LIBRO TRATA DE LA DISRUPCIÓN

Sobre hacer las cosas de manera diferente.
Sobre tener ideas que cambiarán el mundo.
Que cambiarán, al menos, tu mundo.
También se trata de llevar a cabo esas ideas.

Tener ideas es fácil. La dificultad está en hacer que funcionen. El bloqueo puede venir de la confianza en uno mismo, la confusión, la inercia, el dinero, el saber por dónde empezar.

Decirlo es fácil, pero solo tienes que empezar.

Este libro te ayudará a crear ideas y te ayudará a hacer las cosas de manera diferente. Esperamos que te haga feliz.

CAPÍTULO UNO

PREPARA

Ponte en forma para tu(s) propósito(s)

Ser ágil implica, en parte, la capacidad de recuperarte cuando los acontecimientos te golpean una y otra vez. Bien sea en el deporte, el trabajo, la sociedad, las relaciones, lo que se te ocurra, la vida comporta contratiempos, y estos llegan, generalmente, cuando menos conviene. Como dice Claudio en *Hamlet*, «cuando los males vienen, no lo hacen esparcidos como espías, sino reunidos en escuadrones». Necesitamos defensas fuertes para hacerles frente y seguir adelante. Y la resiliencia mental es una defensa que todos necesitamos.

La Asociación Americana de Psicología (APA) define la resiliencia mental como el proceso de correcta adaptación a la adversidad, el trauma, la tragedia, las amenazas y las fuentes de estrés. En pocas palabras, se trata de la fortaleza mental para lidiar con las presiones y los desafíos.

Los psicólogos están de acuerdo en que para generar esta fortaleza mental es necesario centrarse en la capacidad del individuo para desarrollar un sentido de control de las propias emociones, y aprender a confiar en ese control.

Para ello, dicen, las personas han de sentirse cómodas en su propia piel y, lo que es más importante, tener un propósito en la vida. Esto último significa estar seguros de quiénes son y disponer de un fuerte código moral que les aporte una perspectiva clara de los acontecimientos que suceden a su alrededor. Así pueden estar seguros de que su respuesta estará alineada con ese código, y saber que están haciendo lo correcto les dará fuerza. El respeto a uno mismo viene a continuación.

Los componentes básicos de la buena salud —ejercicio, alimentación y sueño— también son vitales para el desarrollo de la resiliencia mental. La meditación puede ser útil. Todo ello ayuda a desarrollar tanto la resistencia (física y mental) como el equilibrio mental que ayuda a ganar perspectiva. Asimismo, la gratitud puede ser un elemento importante de la resiliencia. Sentirse agradecido por las cosas buenas que nos pasan actúa como antídoto a la pérdida de paz mental.

En lo alto de la lista de la APA está también el fomento de una actitud mental positiva. Vale la pena señalar que cuando adoptamos una actitud positiva, la contraria no desaparece de forma automática. Nos tenemos que seguir esforzando para evitar el pesimismo que nos chupa energía y nos debilita. El pesimismo conduce a la indefensión aprendida. Lo opuesto a la resiliencia.

Aunque tuve que vender mi empresa, Cobra Sports, por una libra, siempre confié en mi propósito. Este consistía en crear una cadena de tiendas de calzado deportivo que lograra dos objetivos. El primero, más general, a nivel de empresa, era proporcionar asesoramiento altamente cualificado y fiable sobre el calzado adecuado a las necesidades de cada cliente (marcha, pronación y aspiraciones) para conseguir que más personas participaran y disfrutaran del deporte. Por increíble que parezca, en aquella época no existía ninguna tienda que lo hiciera, y menos en el sector minorista. El segundo objetivo era más personal: contar con trabajadores altamente capacitados y que pudiesen ofrecer explicaciones claras y fiables. Un equipo que pudiera estar orgulloso de su conocimiento y de la ayuda que estaba brindando.

Un día, veinte años después de que Cobra Sports bajara la persiana, mi hija llevaba puesta una sudadera vieja con nuestro logotipo en la parte delantera. Al entrar al centro comercial al que se dirigía, el guardia de seguridad la paró. Al principio ella se preocupó un poco, pero él la tranquilizó en seguida, explicándole que había trabajado para nosotros. Le dijo que aquel había sido el trabajo más feliz y motivador que había tenido nunca. Me gusta pensar que se debió a que teníamos un propósito, y uno compartido por todo el equipo de doscientos empleados.

Propósitos que se adaptan

Fue un propósito que valió la pena, y funcionó.

Pero dejó de ser importante para mí cuando el negocio desapareció. Me enseñó que los acontecimientos de la vida implican adaptar el propio propósito y volver a centrarse en respuesta a esos acontecimientos.

Si eres de los que desde niño han tenido claro ese propósito, y este se mantiene con el paso del tiempo, te puedes tomar este capítulo como un repaso. Si no es tu caso, estás lejos de ser único. De hecho, la mayoría de las personas sienten que su propósito se va adaptando a los valores que les son relevantes en cada momento de la vida, en respuesta, generalmente, a acontecimientos vitales. Tener un propósito que se adapta y modifica no es raro, y este puede ser un objetivo más asequible que encontrar esa «auténtica vocación» y aferrarse a ella.

Esta es la razón del plural «propósito(s)» en el título de este capítulo. Ponemos demasiado énfasis en encontrar ese propósito único y verdadero, algo increíblemente inútil. La presión por encontrar ese diamante es excesiva y nos impide ver las múltiples formas en que podríamos sentirnos satisfechos a lo largo de nuestra vida.

Lo crucial es asegurarnos de que cualquier adaptación tenga lugar dentro del marco general de nuestros principios morales a largo plazo y de los valores más relevantes y motivadores para nosotros.

El enfoque de mi posterior propósito evolucionó lentamente. Pero, con el paso del tiempo, lo he depurado en: «ayudar a las personas a obtener información sobre su situación para poder ser más efectivas y desarrollar mejor su potencial». Todas las actividades que realizo y he realizado durante más de dos décadas se basan en este propósito. Ya sea escribiendo libros, impartiendo conferencias, dirigiendo *think tanks* para directores ejecutivos o participando activamente en organizaciones benéficas, todo está en línea con mi propósito. No es ordenado ni preciso, pero es concreto y verdadero. Sobre todo, me motiva a seguir trabajando mucho más allá de la edad de jubilación establecida.

Un fuerte código moral

Llega un momento en que uno debe tomar una posición que no es segura, ni política, ni popular, pero debemos tomarla porque la conciencia nos dice que es correcta.
— Martin Luther King

Algo que me ha ayudado mucho a superar las vicisitudes de trabajar por cuenta propia, sin cheque mensual y con desafíos varios por el camino, ha sido el elemento clave —como lo confirman los estudios sobre la resiliencia mental— de poseer un fuerte código moral.

Mi código moral se basa en la honestidad, la compasión, la justicia y la bondad. Pueden sonar como esos valores buenos y sanotes de un cuento de hadas sensiblero, pero en ocasiones es difícil estar a su altura. Veamos por qué trato de vivir de acuerdo con ellos.

Honestidad

Ser honesto con uno mismo es tan importante como ser honesto con otras personas. Esto es aún más cierto en relación al trabajo. Recuerdo una empresa con la que trabajé y que contrató a un director ejecutivo muy cruel, que acabó pasando un tiempo en prisión. Tuve que tratar con alguien que trabajaba para él y que había aceptado su código moral. Trató de convencerse a sí mismo de que vivir siguiendo un conjunto de valores en el trabajo y otro en su vida privada estaba bien. No lo está, y nunca lo estará. Con el tiempo, el doble rasero acaba destruyendo la integridad del individuo. La conciencia monitorea la honestidad y se asegura de que la sintamos en nuestro vientre y la entendamos en nuestra cabeza. La honestidad es esencial para ser ágil: sin ella corremos el peligro de ser veloces pero carecer de una base sólida donde movernos o hacia la que movernos. Y, sin bases sólidas y sostenibles, no nos sentiremos con los pies en la tierra. Aún más importante, la honestidad es vital para prepararnos de cara al futuro: un constructo deshonesto para el futuro puede llegar a implosionar por la falta de sustancia.

Compasión

La compasión no solo significa empatizar con el sufrimiento, sino tener la necesidad de aliviarlo. Esto es especialmente relevante en relación a una de las principales tendencias de la última década, a saber, esa creciente inclinación a percibir a los miembros menos afortunados de la sociedad como delincuentes, personas cuyas desgracias son autoinfligidas, en lugar del resultado de los problemas para acceder a una vivienda digna, de la falta de educación y de la pobreza. Esto se debe, en parte, a los propios intereses y al egoísmo —esa falta de voluntad para compartir recursos— y, en parte, a la ignorancia, la falta de comprensión y de empatía por quienes sufren privaciones y la merma del poco apoyo del que disponían.

La conciencia, de nuevo, entra en juego. Sentimos y sabemos que ser más compasivos, cuando se nos presenta la oportunidad, requiere acción.

Equidad

La vida no es justa, pero eso no significa que tengamos licencia para comportarnos injustamente. La equidad también tiene sus raíces en la conciencia. Sentimos, y sabemos, que si la justicia sustenta nuestras acciones, estas serán justas y podremos actuar sin culpa. La equidad debe regir todo comportamiento, porque la injusticia no solo es injusta, sino que, en última instancia, desestabiliza a la sociedad y todos salimos perdiendo.

Bondad

Mientras que la compasión consiste en ser empático con el sufrimiento humano, la bondad es la respuesta generosa a los seres humanos que nos rodean. Conlleva, a menudo, un conocimiento profundo, la capacidad de anticipar la incomodidad de alguien en determinada circunstancia. Se trata de ser proactivo de una manera bondadosa, benigna y afectuosa. Se trata, sin más rodeos, de amor.

La bondad está programada en nuestra evolución como especie. Como resultado, produce dopamina y oxitocina en nuestros cuerpos, la también llamada química feliz. Cada acto de bondad puede asimismo estimular el sistema inmunológico, aumentando la resistencia del cuerpo y reduciendo la ansiedad.

No todos los seres humanos están dotados de la suficiente bondad, y su escasez la convierte en algo muy importante.

Las cosas no siempre salen bien, especialmente cuando se trata de reaccionar a un cambio a gran velocidad. Encuentro que tener estos cuatro principios como base me aporta resiliencia, y que tener un propósito que me guíe mejora mi aptitud mental para salir adelante. Los desafíos y contratiempos pueden ser más fáciles de asumir si los contemplamos con una mayor perspectiva, la de ese viaje que vale la pena y hemos emprendido.

Así pues, hay mucho en favor de identificar una emoción interna y un compromiso que nos ayuden a entregarnos a largo plazo. Lo que nos lleva a preguntarnos: ¿dónde puedo encontrar ese significado, ese propósito que sea la fuente de mi entusiasmo, algo que haga que las cosas sucedan día tras día?

Encontrar tu propósito no es una carrera

Definir un propósito implica varias cuestiones. Una es la mentalidad que traemos de serie. ¿Es proactiva o reactiva? ¿Reaccionamos a los acontecimientos o abrimos camino con soluciones novedosas a problemas que otros ni siquiera saben que existen? ¿Mantenemos el control desde dentro o son los acontecimientos los que nos controlan a nosotros?

Sospecho que la verdad es bastante más compleja de lo que los psicólogos nos quieren hacer creer. Y lo importante es no agobiarse en caso de carecer de ese enfoque abrumadoramente claro que nos lleve a un compromiso emocional e intelectual. No hay que apresurarse por ser el primero en cruzar la línea de meta para encontrar un propósito. De hecho, como hemos visto anteriormente, hay elementos en esa línea de meta que pueden transformarse con el paso del tiempo.

Para aquellos que, como yo, tardan en enfocarse en una pasión, encontrarla puede no solo llevar tiempo, sino requerir muchas versiones, desvíos, y acabar en un par de callejones sin salida. Esto es normal y no debe preocuparnos. Lo importante es aprender del viaje hacia —y a través de— las manifestaciones del propósito. Y no desanimarse con los callejones sin salida con los que podamos toparnos por el camino.

Encontrar un propósito significa, en pocas palabras, dar con algo de lo que disfrutas. No solo hacer cosas agradables con personas agradables (aunque eso puede ayudar), sino probar cosas que sientes instintivamente que te provocarán un cosquilleo en el estómago. Y te aportarán algo que es satisfactorio. Este tipo de satisfacción es más importante que la felicidad a corto plazo, que va y viene y tiende a no ser duradera. La satisfacción y el realizarse a sí mismo, por otro lado, tienden a ser más sustanciales. Puedes tener contratiempos, días o incluso semanas malos, pero, si lo que estás haciendo te satisface, entonces, de alguna manera, está bien, y sigues adelante.

En cuanto al trabajo que haces, este debería estar alineado, si es posible, con tu propósito. Pasamos tantas horas de vigilia trabajando que tiene sentido que el trabajo sea el punto de partida del viaje. Esto es cierto tanto si estás repensando tu carrera, como buscando un reemplazo o simplemente un buen ingreso adicional.

Hay muchos temas y desafíos que vale la pena abordar. Tu mayor cantidad de energía debería ir dirigida a encontrar los más importantes para ti. Para empezar, sería sensato que te fijaras en tus valores.

Valores

A modo de aclaración, valores no es lo mismo que moral o principios. Estos últimos son inmutables. Mis principios básicos de honestidad, justicia, compasión y amabilidad no cambian con las circunstancias. No son relativos a la situación en la que me encuentro. Pero los valores se ajustan, por necesidad, a los acontecimientos de tu vida. El orden, por ejemplo, puede ser algo que valores, pero si tienes niños, podría tener que pasar a un segundo plano durante un tiempo. Estar bien económicamente puede ser importante en ciertos momentos de tu vida, pero la mentalidad de vivir con menos puede hacer que la recompensa económica pierda posiciones en esa lista de valores clave en torno a la que enfocar tu vida.

Empieza a dibujar un mapa

Entender tus valores y aceptar que son flexibles te aportará una visión realista de quién eres en este momento, quién aspiras a ser y dónde podrías encontrar más sentido en tu vida. Es un misterio que nunca se resuelve del todo, y eso es parte de lo que hace que la vida sea tan interesante. De la misma manera que el paso del tiempo hará que te transformes conforme los acontecimientos vitales aporten riqueza a tu carácter, así se transformarán también tus valores.

Con el fin de destacar y —más importante todavía— priorizar tus valores, el primer paso que sugiero es crear un mapa de valores. Esto puede llevar tiempo y mucha reflexión. No te apresures. Aquí tienes una lista de valores con la que empezar. Es probable que algunos que son importantes para ti no estén en esa lista; si es así, añádelos.

Responsabilidad
Ambición
Comportarse moralmente
Ser competitivo
Ser creativo
Gustar
Pertenecer
Visión amplia
Cuidado del medio ambiente
Precaución
Compasión
Control
Cooperación
Valentía
Creación de valor
Diálogo
Balance de los dominios (físico, emocional, mental, espiritual)
Eficiencia

Empatía
Entusiasmo
Equidad
Familia
Estar centrado
Perdón
Amigos
Generaciones futuras
Gentileza
Armonía
Ayudar a los demás
Honestidad
Humor / diversión
Imagen (cómo te ven los demás)
Independencia
Entendimiento profundo / comprensión
Integridad
Interdependencia

Amabilidad	Recompensa
Conocimiento	Seguridad
Aprendizaje	Autodisciplina
Amar	Superación personal
Significado	Servir a la comunidad
Nutrición	Responsabilidad social
Receptividad	Estatus
Perseverancia	Tradición
Desarrollo personal	Confianza
Ejercicio físico	Riqueza
Orgullo	Sabiduría
Respeto	Equilibrio trabajo /
Responsabilidad	vida personal

Una vez seleccionada la lista de valores que encuentras especialmente relevantes, tómate el tiempo para clasificarlos. Tu objetivo es llegar a diez valores principales ordenados por importancia, según los cuales ya vives o tienes la intención de vivir. Puede que todos los valores de la lista te parezcan relevantes, pero tú estás buscando los realmente importantes para ti.

La lista incluye, y de manera intencionada, mis cuatro principios de honestidad, justicia, compasión y amabilidad. Es admitir que los valores y principios no son categorías rígidas. Y es importante porque da una idea de dónde se encuentran ahora esos principios en tu jerarquía de valores.

Una vez hayas destilado tu lista personal para identificar esos diez primeros valores, es probable que detectes en los puestos superiores uno o dos a los que no estás dedicando la atención ni la energía necesarias en estos momentos. Son importantes para ti, pero no les has hecho el suficiente caso. Esto te dará una idea de qué cambios emprender en tu vida para darles un lugar.

Te sugiero que te acabes haciendo dos listas. La primera, y más importante, es la lista de tus propios valores. Y la otra es la lista de los valores de tu actual lugar de trabajo, si es que la hay. Si la diferencia entre las dos es demasiada, algo probable, esto te resultará muy esclarecedor. Puede indicar que necesitas buscar un lugar de trabajo más en sintonía con los valores según los que deseas vivir.

Mi lista de valores ha ido cambiando con el impacto de los acontecimientos de la vida a lo largo de los años. Durante los primeros años del negocio de calzado deportivo, mis cinco principales valores fueron:

— **Integridad**
— **Entusiasmo**
— **Creación de valor**
— **Humor / diversión**
— **Ejercicio físico**

Cuando perdí el negocio, me casé y tuve dos niños, cambiaron a:

— **Familia**
— **Integridad**
— **Ayudar a los demás**
— **Entendimiento profundo / comprensión**
— **Creación de valor**

La lista sufrió una importante evolución en respuesta a lo que estaba sucediendo en mi vida. Esto confirma que es importante evaluar periódicamente lo que realmente nos importa para poder ajustar nuestro propósito —y por lo tanto, en qué invertimos nuestra energía— y asegurarnos de que sigue teniendo sentido para nosotros y nos aporta satisfacción.

Tu mapa de valores es un documento de trabajo y lo tendrás que actualizar de manera periódica, ya que tu pensamiento evoluciona y tus experiencias vitales impactan en el balance. Vale la pena tenerlo a mano: una lista escrita cerca de tu mesa de trabajo, en la funda del ordenador portátil o junto a la cama. En algún lugar donde puedas verificar con frecuencia si la lista sigue vigente y si estás invirtiendo tu tiempo y entusiasmo en las cosas que tocan.

LAS TRES
MÁS
SON LA
LOS CARBO
Y UN
MENSUAL

ADICCIONES DAÑINAS HEROÍNA, HIDRATOS SALARIO

NASSIM NICHOLAS TALEB

Confianza en uno mismo

Esto lo es todo. El humus en el sándwich. Lo más importante. La confianza en uno mismo resulta atractiva. Es incluso «sexy». Acercarte al auténtico «tú» significa que puedes dejar de proyectar el falso.

Este capítulo trata sobre la confianza en uno mismo. Analiza por qué las personas tenemos dificultades con esto. Cómo varía de una situación a otra. Examina y ayuda a definir las creencias limitantes. Considera quién las estableció y por qué. Cómo las podemos heredar. Cómo, aunque resulten cómodas (como un par de pantuflas), no son útiles para nadie (como unas pantuflas gastadas). Analiza cómo eliminarlas.

La confianza en uno mismo es la clave para una gran conversación. La confianza en uno mismo no es carisma (yo puedo enseñar a tener confianza en uno mismo, pero el carisma es más difícil, es más innato). La confianza en uno mismo no es ego (ser bueno en algo y saberlo no es tener ego; ser mediocre o malo en algo y pensar que eres genial, eso es ego). La confianza en uno mismo no es demostrar: es mostrarse, y mostrarse creyendo en uno mismo y siendo consciente de las propias debilidades, así como de las fortalezas. No es fanfarronear, ni embaucar, ni venderse. Es estar completamente seguro de quién eres.

La confianza en uno mismo es realmente compleja. Algunas personas parecen haber nacido con ella. Hay investigaciones interesantes al respecto que sugieren que tener confianza en uno mismo es una cuestión genética: se cree que puede depender hasta en un 50 % de los genes. Otros individuos son capaces de desarrollar la confianza en sí mismos (he ahí el otro 50 %, entonces); y hay quienes acaban perdiéndola a causa de los demás (tanto por amor como por odio) conforme crecen. Pero la buena noticia es que podemos hacer muchas cosas, y sencillas, para mejorar la confianza en nosotros mismos.

Primero me gustaría que pensaras sobre qué es la confianza en uno mismo. No es una cualidad fija. A veces, en una misma situación podemos sentirnos más seguros de nosotros mismos, o menos. A veces nuestra confianza se ve afectada por cosas que no tienen nada que ver con lo que estamos haciendo. Otras, se ve reforzada (o socavada) por la ropa que elegimos para un evento.

La confianza en nosotros mismos es el resultado de los pensamientos que tenemos, de nuestras acciones y de cómo nos sentimos en relación a nosotros mismos. Todo esto puede verse afectado por los demás, por las situaciones externas, por el viaje hacia un acontecimiento o hacia esta parte de nuestras vidas. Y, afortunadamente, alguno de todo esto puede corregirse.

Creencias limitantes

Antes de pasar a los consejos y los trucos, las estrategias y los enfoques, quiero hablar sobre las creencias limitantes. Como he mencionado antes, una de las cosas que nos frenan en términos de confianza en nosotros mismos (y de muchas otras cosas, también) son nuestras creencias limitantes. ¿Qué es una creencia limitante? Es una visión de nosotros mismos que nos hace y nos mantiene pequeños, que limita la persona que podríamos llegar a ser. Es una visión fija de nosotros mismos que nos define con rigidez lo que nos detiene. Tanto normalizamos este punto de vista, que acabamos por no ver cómo nos limita nuestro propio pensamiento. Hemos convivido con estas limitaciones durante tanto tiempo que se han vuelto invisibles. Es un poco como llevar una gran mochila de piedras. Te acostumbras tanto a su peso que solo lo notas cuando te la quitas. La mochila se ha convertido en parte de ti. Con las creencias limitantes y los miedos sucede lo mismo. Solo te das cuenta de lo restrictivos que han sido una vez que se han ido. Así que ¿cómo nos deshacemos de ellos?

El zoólogo alemán Karl Möbius realizó en 1873 un experimento legendario que lo demuestra maravillosamente. En él, Möbius colocó un lucio (un gran pez carnívoro) en un gran tanque de agua. Después liberó también algunos peces más pequeños. Como el lucio es carnívoro, se los comió. El alemán depositó después una gran campana de cristal, abierta por arriba y por abajo, en el tanque. El lucio estaba fuera de la campana. Dentro de ella, Möbius puso más peces pequeños. El lucio podía ver los pececillos pero no la campana de cristal. Estupendo, pensó, ya tengo la cena. Cargó contra ellos, pero todo lo que consiguió fue dolor de nariz. Intentó comerse los pececitos varias veces, haciéndose cada vez más daño y deprimiéndose cada vez más. Finalmente, pareció darse por vencido. Descendió hasta el fondo del tanque con aire abatido. Acto seguido, Möbius levantó la campana de cristal. Ya no había nada entre el lucio y sus presas. Sin embargo, el primero permaneció en el fondo del tanque. Los peces más pequeños nadaban libres por todas partes. Le pasaban por encima al lucio, por su lado, por delante de la nariz. Aun así, el lucio ni se movió. No intentó comérselos. Su creencia limitante era que no podía. Así que ni siquiera lo intentó.

Otros repitieron este experimento, cuando todavía no había conciencia sobre el maltrato animal. ¿Qué crees que pasó con el lucio? Exactamente. Se murió de hambre. Se murió de hambre incluso estando rodeado de comida. Nos arruinamos incluso estando rodeados de grandes oportunidades de negocio. Nos cuesta encontrar al personal adecuado aunque a nuestro alrededor existan los mejores talentos del mundo. No logramos hacernos oír a pesar de todas las palabras que tenemos a nuestra disposición. Nos quedamos sin ideas en medio de un mar de estímulos. Nuestras creencias limitantes nos retienen donde estamos. No podemos crecer como negocio porque no hacemos «esa» cosa en concreto, porque no fichamos a esas personas, porque no somos lo suficientemente valientes como para hablar con esos potenciales clientes o llevar a cabo esa presentación. No crecemos como personas porque nuestra zona de confort es demasiado cómoda. Porque no podemos expresar nuestras ideas, nuestros deseos, nuestros puntos de vista, expresarnos a nosotros mismos; nos quedamos pequeños. Nos mantenemos a salvo. Son creencias limitantes que, si bien puede que te hayan ayudado a mantenerte a salvo en el pasado, ahora te tienen secuestrado. Es hora de darles las gracias y deshacerte de ellas.

A medida que avanzamos en la vida, es muy común adoptar ciertas creencias limitantes.

Algunas provienen de nuestros padres (en su mayoría para protegernos, pero a veces para que no les hagamos sentir que no estuvieron «a la altura»); a veces, de nuestros colegas o jefes en el trabajo (responden casi siempre a que no quieren que los superemos, o a que nos quieren controlar; en mis treinta años de trayectoria lo he visto a menudo, incluso en aquellas personas que —supuestamente— se dedicaban a construir equipos; todos movidos por el miedo).

También es muy común que alguien te robe la voz. Lo hacen insinuando que lo que dices no es importante. Puede ser simplemente no escuchándote o puede expresarse de forma más patente. Tanto en el trabajo como en casa, despreciar lo que la gente dice es muy común. Nadie tiene derecho a silenciarte. Tus palabras importan y merecen ser escuchadas. En mis talleres veo esto una y otra vez, y desgraciadamente es más habitual que los hombres roben las palabras a las mujeres que al revés.

Heredamos las creencias limitantes de nuestros padres. Puede que tengas miedo al dinero porque tus padres también lo tienen, puede que temas la interacción social al igual que ellos, puede que te mantengas «pequeño» porque tus padres hicieron lo mismo, o que temas ser visto o escuchado porque tus padres también lo temieron. Como dijo J. K. Rowling en su discurso de graduación de Harvard:

Hay una fecha de caducidad para culpar a tus padres.

Agradece a tus padres haberte mantenido a salvo y, luego, deshazte de esas limitaciones y conviértete en la persona que siempre quisiste ser. Tus creencias limitantes te han mantenido en tu zona de confort y han triunfado en ello, pero ya no te sirven. Es hora de seguir adelante.

CAPÍTULO DOS

TIEMPO

TU TIEMPO ES LIMITADO. RECUÉRDALO.

Cada día te dan 86.400 segundos del «Banco del Tiempo». Todo el mundo recibe la misma cantidad. No hay excepciones. Una vez que los has retirado, puedes gastarlos como quieras.

El «Banco del Tiempo» no te dirá cómo gastarlos. Si utilizas mal tu tiempo, no te lo devolverán. El tiempo no hace reembolsos.

El tiempo es tu mayor regalo. De hecho, es más valioso que el dinero porque puedes ganar más dinero, pero no más tiempo. Hay una única y simple verdad: tu tiempo es limitado. Y un día irás al banco y no te quedará más. Y en ese momento exacto conocerás la respuesta a esta sencilla pregunta: ¿aproveché bien mi tiempo?

¿Hice lo más importante para mí?

¿Encontré lo que realmente me gustaba?

¿Lo perseguí como un perro salvaje y hambriento?

Es hora de hacer una pausa

El tiempo, dicen, es un bien escaso. Y bajo esta idea subyace la macabra e inevitable certeza de que, un día, todos moriremos. Ante esto, una reacción habitual es intentar abarcar todo lo que podamos mientras estemos aquí. Es algo comprensible y a menudo inconsciente. Se da de manera particularmente fuerte en el Occidente moderno e industrializado, donde el sentimiento de escasez de tiempo, junto con la ética de trabajo protestante, contribuye a la popularidad de los consejos de vida y productividad.

Pero la vida consiste en algo más que en hacer cosas. El tiempo para nada es una mercancía, ni es escasa, ni nada de eso; no es una materia prima uniforme e indivisible (incluso para un físico, el tiempo consiste en algo más, como veremos más adelante). Nuestra vivencia del tiempo es tremendamente diferente en función de lo que estemos haciendo. Un minuto esperando el autobús no es lo mismo que un minuto haciendo flexiones o un minuto saboreando un helado. Un año en el trabajo no se puede comparar con un año viajando. Puede que dispongamos de una cantidad limitada de tiempo en esta vida, tal y como lo mide un reloj; pero tú no eres un reloj.

Te quiero invitar a desprenderte de la idea de que el tiempo es lineal, uniforme y objetivo, y pensar en él tal y como lo vivimos: elástico, variable y estratificado. No me interesa tanto cómo podemos abarcar más en la vida, sino cómo podemos obtener más. Puede que para hacerlo sean necesarias todo tipo de estrategias, pero de algo estoy seguro: hay que ser capaz de parar. Una pausa es una apertura. Funciona como puerta a otras alternativas y posibilidades, aportando una mayor dimensión a nuestras vivencias. Igual que un poco de levadura levanta la masa, una pequeña pausa aquí y allá aligera y enriquece nuestra vida. No necesitas mucho, pero es un ingrediente vital.

Un libro es un medio que se presta a la pausa: puedes elegir cuándo detenerte en algo, cuándo volver a leer una frase o cuándo dejarlo, lo cual es una de las alegrías de la lectura. Entonces, si bien encontrarás muchas ideas sobre la pausa en este libro, no hace falta que esperes hasta terminarlo; puedes dejar de leer aquí mismo, ahora mismo... y hacer una pausa. Podrías preguntarte por qué te atrajo este libro y tomarte unos minutos para pensar en ello. O puedes aprovechar este momento para disfrutar de las vistas o darte cuenta de cómo te sientes, o dejar que tu mente divague. El libro seguirá estando aquí, para ti, más tarde, para que lo retomes cuando quieras.

Experimentar con la pausa te permite jugar con los ritmos de tu vida. Es una manera de dar forma y textura a tu experiencia, aminorando la sensación de que a tu vida la mueven fuerzas externas sobre las que no tienes poder alguno. Elegir dónde hacer tus pausas hace que sientas tu vida de una manera totalmente diferente y, en consecuencia, lo que puedes llegar a hacer.

Puedes hacer una pausa para descansar y regenerarte, para ser más creativo, para conectar con otras personas o contigo mismo, o simplemente para disfrutar de lo que sucede a tu alrededor (o dentro de ti). Existen muchas razones para hacer una pausa, formas de hacer una pausa y duraciones de una pausa. Hay muchas prácticas diferentes que puedes adoptar. Puedes dejarte llevar por el corazón y elegir lo que más te apetezca: la pausa es todo lo contrario a una tarea que tachar de la lista. La pausa es un concepto muy plástico. Hay mucho que probar. Es una idea sutil, poderosa y vivificante, en la que vale la pena invertir un poco de tiempo.

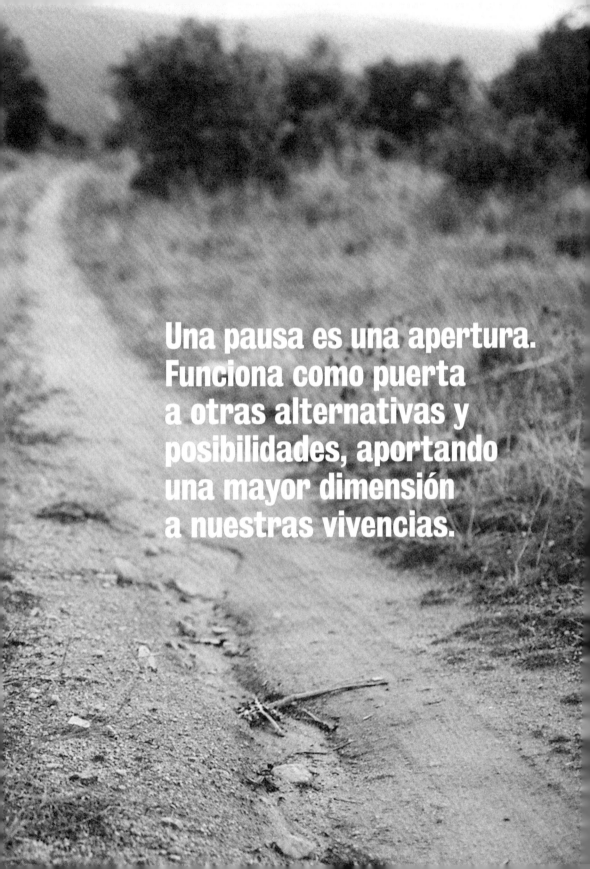

Una pausa es una apertura.
Funciona como puerta
a otras alternativas y
posibilidades, aportando
una mayor dimensión
a nuestras vivencias.

Creando tiempo

El tiempo es la cosa más valiosa que una persona puede gastar.

— Teofrasto

El tiempo es una serpiente escurridiza: cuanto más necesitas, más rápido pasa, y cuando quieres acelerar las cosas un poco, parece ralentizarse. Me encantaría poder compartir contigo el secreto para controlar el tiempo, pero todos sabemos que no existe.

Aun así, la realidad es emocionante y liberadora. Tienes las mismas veinticuatro horas que los demás. Parece deprimente, ¿verdad? «De acuerdo, todos tenemos la misma cantidad de horas al día para tratar de hacerlo todo.» Bien, sí, puedes verlo así. Pero a mí me gusta planteármelo de otra forma:

¡Tengo la misma cantidad de tiempo para crear que Mozart!
O:
¡Marie Curie y yo compartimos el tener la misma cantidad de tiempo!

Todas las personas a lo largo de la historia —nuestros héroes, gente a la que admiramos— han tenido las mismas limitaciones de tiempo que nosotros. Y en algún momento habrán dicho: «¡Oh, es que el día no tiene suficientes horas!».

Nadie tiene el tiempo suficiente, hay que encontrarlo. Estas personas se pusieron a hacer cosas, sus creaciones cambiaron el mundo. Sí, sí, sí, sé que su inmenso talento es una de las razones, pero para crear no solo es necesario el talento —este es solo el 50 %—, hay que trabajar. Puedes ser el gato más espabilado de la habitación, pero si decides sentarte en el sofá a comer Whiskas todo el día, ¡no harás nada!

Y esta es la otra cuestión. No se trata de trabajar más horas, sino de gestionar el tiempo de manera más inteligente. Tenemos que ser listos a la hora de invertirlo. Yo trato de dividirlo entre todas mis pasiones: familia, amigos, trabajo, juego, proyectos personales, bienestar. Por eso es complicado. Si todo consistiera en meter horas en el trabajo, entonces sería fácil. Te diría: trabaja veintitrés horas al día y duerme una. Pero eso es una locura y en ningún caso la respuesta. La realidad es que es un delicado acto de equilibrio personal para ti y tu situación. Tienes que decidir cuándo, dónde y cómo gastarás esos preciosos tictacs del reloj.

Encontrar el equilibrio

Igual que con el tiempo, ¡me temo que encontrar el equilibrio es realmente difícil!

Y es que es diferente para todos. Se parece a la alquimia: una combinación mágica y mística de ingredientes para lograr la receta perfecta para una vida armoniosa. Encontrar más equilibrio vale la pena porque, si das con tu ritmo ideal, serás más productivo, estarás más sano y serás más feliz.

Además, tu equilibrio cambiará constantemente. Tendrás que revisar con regularidad lo que estás haciendo y cómo te sientes, para identificar así qué es lo que funciona mejor para ti. La buena noticia es que cuanto más lo hagas, más fácil será. Detectarás patrones de mal humor y cansancio (porque comenzarás a preguntarte: «¿Por qué estoy gruñón y cansado?») y, una vez que empieces a hacerlo, podrás rectificarlos mucho más fácil y rápidamente.

«¿Por qué insistes en el equilibrio?», te oigo gritar, aunque en silencio y con calma. Bueno, porque no creo que la actitud «trabaja más horas que nadie» sea correcta ni suficiente para triunfar y ser feliz de verdad.

Lo que tú logras hacer en dieciocho horas podría tener el mismo valor que lo que alguien hace en tres trabajando como una hormiguita. No se trata de la cantidad, sino del contenido, y solo puedes dar lo mejor de ti cuando tu cuerpo y tu cerebro están satisfechos.

Necesitas ser un ser humano, experimentar el mundo que te rodea con las personas que te rodean. ¡Te hará un mejor *Doer*, te lo prometo!

Sé paciente

No hace mucho me di cuenta de que actuar rápidamente no lo arregla todo. Ha habido veces en las que no he podido acabar todas las tareas que tenía planificadas a causa de otros trabajos o por falta de tiempo. Este invierno descuidé mis parterres. El tiempo y las heladas maltrataron las plantas más viejas hasta que los esqueletos del verano cayeron sobre la tierra. Se convirtieron en un mantillo natural, ofreciendo al suelo cierta defensa contra los elementos. El trébol se autosembró y cubrió muchos de los parterres. Arranqué algunas malas hierbas, pero eso fue todo.

Nuestra cultura prioriza el intervencionismo y la idea de que nuestros resultados deben ser visibles. Manipular y controlar sin cuestionar realmente por qué estamos haciendo lo que hacemos. He descubierto que, por lo general, solo es necesario arreglar algo si ha dejado de funcionar.

La primera vez que oí hablar de la jardinería «sin excavar» fue de la boca de Charles Dowding, pionero de un método que lo ha estado probando desde el año en que nací. Compré su libro *Organic Gardening: The Natural No-Dig Way* en cuanto se publicó y desde entonces soy fan absoluta. En él, Dowding explica que, aunque alguna vez haga falta para quitar malas hierbas o un manto de abono verde, excavar daña el suelo y es, a menudo, un trabajo innecesario. En su lugar, añade compost y deja que los gusanos se lo lleven bajo tierra y caven por ti. Harán un trabajo mucho más cuidadoso. A veces menos es más.

Texto de *Do Grow*, de Alice Holden

El tiempo está conectado a la tierra

Durante las últimas dos décadas he estado cuidando un magnífico jardín. En verano, cuando sale el sol y el viento se calma, se convierte en un paraíso atemporal.

A un lado hay un largo seto de haya, de varios metros de altura. Hace veinte años solo había unas ramitas en el suelo que luchaban por sobrevivir a la falta de agua. Durante todo un verano llevé cubos de agua sin parar para saciar la sed de estas jóvenes plantas. No teníamos manguera alguna que llegara hasta el final del jardín.

En pocos años, algunas de las hayas murieron, dejando grandes huecos. Un día estaba con mi suegro y le sugerí que compráramos plantas de la misma altura que el seto que había sobrevivido. Mi lógica: velocidad, comodidad, dinero. Se acabó el problema. Me miró a la antigua. Entrecerrando los ojos, suspiró y sacudió la cabeza, mientras decía: «Lo que te debe preocupar son las raíces. No su altura. Si quieres un seto bonito, invierte en buenas raíces, no vayas detrás de la solución rápida. Si vas por ese camino, la mayoría de las plantas que compres morirán».

Así que procedimos a comprar plantas pequeñas con raíces fuertes. Hoy son un magnífico seto: de color bronce en los meses de otoño e invierno, verde intenso y exuberante en primavera y verano. Algunas cosas necesitan su tiempo. No el que tú crees que necesitan. El tiempo, como el seto, está conectado a la tierra.

La balada de Willie Nelson

Si crees que el mejor trabajo se hace de joven, estás creando un futuro gris. Cada día representa una oportunidad para lo nuevo, pues ayer se fue. La creatividad no puede beber de un pozo amargo.

Willie Nelson ha grabado 250 álbumes y, a sus ochenta años, continúa de gira. No se tomó un descanso hasta los cuarenta años.

La autora Mary Wesley no consiguió publicar hasta los setenta años y terminó siendo una de las novelistas de más éxito de Gran Bretaña, que vendió 3 millones de ejemplares de sus libros, incluidos diez *best sellers* en sus últimos veinte años de vida.

Puedes fustigarte pensando que no has llegado a tiempo, que has dejado pasar la oportunidad. Si lo crees, acabará por ser verdad.

O puedes pensar que el éxito llega en el momento adecuado y que todo lo anterior ha sido la preparación.

Algo sobre mí

por Lucy Gannon

Déjame contarte cómo llegué al mundo de la televisión. Nunca había pensado en ser escritora. Tenía treinta y nueve años y vivíamos en un complejo de viviendas públicas en Derby, donde yo trabajaba en una residencia para adultos con dificultades de aprendizaje. Mi esposo era ingeniero, diseñaba refinerías de azúcar, pero su sector había menguado y estaba sin trabajo, así que yo llevaba el pan a casa (y con mi sueldo no daba para mucho pan). Había dejado de estudiar a los dieciséis años y nunca había destacado en nada, pero mi vida había estado repleta de acontecimientos y viajes, subidas y bajadas, duelos y aventuras. Solo habíamos ido una vez al teatro, porque nos regalaron las entradas, y nos gustó, pero no lo suficiente como para repetir. Éramos gente normal, tan alejados de la escritura, la dramaturgia y el mundo teatral como cualquiera podría estarlo.

Y luego me enteré de que Radio Times organizaba un concurso, el Premio de Teatro Richard Burton: ¡Escribe una obra de teatro y gana 2.000 libras! Corría 1986 y eso era mucho dinero. Como estábamos en bancarrota, yo me había inscrito a un montón de concursos, uno en el que tenía que recolectar tapones de Fairy, otro que consistía en recolectar cupones para participar gratuitamente en Spot The Ball. ¿Escribir una obra de teatro? Eso era nuevo para mí. No tenía la menor idea de cómo empezar, así que localicé un par de obras en la biblioteca para ver el formato en el que se habían publicado, tomé prestada una máquina de escribir portátil y busqué un poco de papel. Pero ¿sobre qué podía escribir?

Recordé un joven al que yo, en mi imaginación, llamaba Tom. Nunca lo llegué a conocer personalmente. Una vez al mes íbamos de Derby a Norfolk a visitar a mi padre, y en el camino había una sección elevada de la carretera, una circunvalación alrededor de un pueblo. Debajo había un pequeño bungaló y ahí era donde había visto al hombre al que secretamente llamaba Tom. Todo indicaba que mi Tom estaba física y mentalmente discapacitado, y a veces lo veía sentado frente a las ventanas de esa minúscula casa, en una silla de respaldo alto con una mesa adosada delante, una imagen que me resultaba familiar, trabajando, como lo hacía, con adultos discapacitados. Durante meses pensé en cómo sería la vida en ese pequeño bungaló, cuidando a un joven tan grande y robusto que era tan dependiente al mismo tiempo. Pensé en el amor y el compromiso, el duro esfuerzo, el dolor y las silenciosas recompensas de esas vidas. Y sobre eso escribí mi obra.

En la residencia hacía turnos de veinticuatro horas. Comenzaba a la hora del almuerzo, trabajaba hasta las 10 de la noche y luego me quedaba a dormir en una habitación por si el personal nocturno me necesitaba. Comencé a llevar mi máquina de escribir para poder trabajar en la tranquilidad de la noche. ¡Qué revelación tan asombrosa fue para mí empezar a escribir! ¡Tenía voz! En cuanto lo hice, me enganché. Los demás trabajadores me oían martillear (con dos dedos entonces, como ahora) y me traían café hasta que admitía la derrota y me metía en la cama a las tres o a las cuatro. ¡La emoción de esas noches fue electrizante! Me despertaba desesperada por retomar el guion en la siguiente escena, en la siguiente parte del diálogo. No se escribió solo, pero a veces sentí como si yo no tuviera mucho que ver con ese mundo imaginado que salía de mí, efervescente e intrigante.

No sabía si era bueno o una basura, o algo a medio camino, ¡y realmente tampoco me importaba! Estaba enfebrecida. En cuanto terminé y envié *Keeping Tom Nice* al concurso, comencé mi segunda obra, *Wicked Old Nellie*. Seguía sin tener ni idea de si lo que estaba haciendo significaría algo para alguien más. ¿Qué iba a hacer con la segunda obra cuando estuviera terminada? ¿A quién se la podría enviar?

En Derby había un teatro, así que la dejé a la puerta del escenario, me fui a casa y comencé mi tercera obra, *Raping the Gold*.

Cuando llevaba escritas tal vez dos o tres escenas de esta tercera obra, recibí una llamada de la BBC para decirme que *Keeping Tom Nice* estaba en la lista de finalistas.

Mi obra ganó el premio y fue llevada de gira por la Royal Shakespeare Company. Los directores del Bush Theatre leyeron el guion y me encargaron que escribiera *Raping the Gold*, y la directora del teatro Derby Playhouse, Annie Castledine, finalmente encontró el momento para echar un vistazo a *Wicked Old Nellie*, y comenzó el proceso de producción. De repente estaba metida en el mundo del teatro, pero seguía sin haber visto nada en el escenario. Sally Burton, la viuda de Richard, me animó a participar en la residencia con la RSC (parte del premio) y durante seis meses me pagó un sueldo para que pudiera quedarme en casa y escribir. Y, finalmente, fui a ver en una obra de teatro.

Desafortunadamente era *Tito Andrónico*, la contribución más violenta de Shakespeare (y, como supe más tarde, en una producción particularmente macabra). Allí estaba yo, una cuidadora de mediana edad de Derby, asistiendo a una violación, una matanza de niños, mutilación, decapitación y canibalismo durante lo que había pensado que sería una «agradable velada». Conduje de vuelta a Derby conmocionada y, cuando me metía en la cama junto a mi marido, que dormitaba, este murmuró: «¿Qué tal ha ido?». Y yo respondí: «Horriblemente mal».

Entonces, ¿cómo pude, tras comenzar de una manera tan ingenua, pasar del teatro a la televisión? ¿Y por qué? ¡Tenía muy poco que ver conmigo! Sentados en el público que fue a ver *Raping the Gold* en el pequeño Bush Theatre se encontraban un editor de guiones de la ITV, un productor de cine independiente y un productor de la BBC a los que les gustó cómo estaba escrita la obra, y que terminaron contratándome.

De repente estaba metida en el mundo de la televisión. Hasta el cuello. Pero todo comenzó con una máquina de escribir prestada y la sensación de «por qué no probarlo». No existe una senda dorada hacia la televisión o el cine. Pero el mundo está necesitado y hambriento de talento, desesperado por conseguirlo. Tú eres el talento. Si escribes, te encontrarán. Pero no te encontrarán hasta que lo hagas.

Todos nacemos con habilidades y talentos. Algunos de nosotros descubrimos cuáles son antes de que sea demasiado tarde. Lo cual es una bendición. Puede que tu deseo de escribir te haga dudar e incluso sientas que te tienes que disculpar, y que te preguntes: «¿Tengo talento?». Y si te está sucediendo en este momento, no estás solo. Cuando las personas creativas se encuentran, la pregunta a menudo acaba siendo: «¿Qué es el talento?». He intentado responder a esta pregunta con pintores, escritores, escultores, poetas, alfareros y músicos. No hay una respuesta definitiva, porque el talento no se puede ver, probar ni medir, y lo que suena hermoso para un oyente le resulta vacío y no le interesa a otro. Las palabras que a ti te emocionan a mí pueden dejarme fría, y todos, en nuestra más profunda apreciación del mundo que nos rodea, somos parciales. Nuestro sesgo no se crea a partir del razonamiento y la toma de decisiones, sino de esa química única propia de nuestra personalidad, de nuestro pasado, de nuestro entorno, nuestra ética y las reacciones que provocamos en los demás.

Aquí tienes mi visión, simplemente la conclusión a la que he llegado a día de hoy, y esas frases que he comprobado que me ayudan a entender, al menos en parte, el talento:

Talento es generosidad de espíritu.

Talento es el espíritu humano que busca salir, hambriento por conectar, por comprender y ser comprendido, que busca despojarse de las apariencias y revelar la verdad de quiénes somos. Mirar más allá de lo visible y tangible, a lo eterno. El talento es vulnerable. Requiere que el artista, escritor, músico invite al rechazo en todo lo que hace. El talento es esa lucha por llevar las patatas a la mesa no labrando, sino soñando. El talento no es un amante fácil. Vivir con él es un fastidio. Es exigente, implacable y agotador. Pero es precioso y el regalo más grande de todos. Es pasión.

Vivir de manera consciente

Conforme nos hacemos mayores, las preguntas acaban siendo unas dos o tres. ¿Cuánto tiempo me queda? ¿Y qué hago con él?

— David Bowie

Los budistas hablan del concepto de vivir cada noche como una pequeña muerte y despertar a una nueva realidad a la mañana siguiente. Ven el nuevo día como una oportunidad de hacer las cosas de manera diferente y se desprenden de cualquier cosa que no les sirva.

La vida consciente consiste en despertar a cómo vives, ser consciente del tiempo que te queda y vivirlo apasionada y conscientemente, conectar contigo mismo y con los demás. No significa ser el más exitoso o el más rico, sino, más bien, tener una vida con sentido haciendo lo que te importa y siendo quien quieres ser.

Un repaso a la vida

Aceptar la muerte cuando estás muriendo es, en parte, aceptar la vida que has tenido para dejarla ir más fácilmente. La gran pregunta es, ¿fue buena?

Una vez conocí a una señora encantadora que estaba en las últimas semanas de su vida. Tenía unos sesenta y cinco años. Su esposo me contó los planes que habían hecho para viajar y vivir en el campo cuando ella se jubilara. Se puso enferma poco después de retirarse y su salud se deterioró rápidamente. Nunca llegaron a cumplir ninguno de sus planes. A menudo, las personas esperan hasta jubilarse para hacer algo que aman. Hazlo hoy, no en los años venideros. ¡No pospongas las cosas!

Un ejercicio que podrías hacer ahora es escribir tu propio «obituario viviente». ¿Cuál ha sido la historia de tu vida hasta la fecha?

Hazlo en orden cronológico, desde tu nacimiento hasta el presente. Puedes destacar eventos importantes, positivos y negativos, cualidades, relaciones y a otras personas influyentes. ¿Qué dirías de tu vida hasta el momento? Las siguientes preguntas podrían servirte de inspiración:

— **¿Qué me llena de orgullo?**

— **¿Tiene mi vida sentido y propósito?**

— **¿Siento satisfacción?**

— **¿Estoy haciendo lo que me parece importante?**

— **¿Paso tiempo de calidad y aprecio a las personas a las que amo?**

— **¿Soy la persona que quiero ser?**

— **¿Vivo una vida para mí o según lo que otros esperan de mí?**

— **¿Qué puedo aprender?**

— **¿Estoy aprovechando mi tiempo de manera inteligente?**

— **¿Ayudo a los demás?**

— **¿Doy?**

Tú construyes tu propia historia. Si la quieres reescribir, sé consciente de tus pensamientos. ¿Cómo hacen que te sientas? Si te dices a ti mismo que no puedes hacer algo, eso es lo que acabarás creyendo.

Si quieres realizar cambios en tu vida para vivir mejor, permítete ser valiente, piensa en una nueva realidad, y luego haz algo pequeño cada día para crearla. ¿Cómo sería entonces el resto de tu historia?

Texto de *Do Death*, de Amanda Blainey   55

Cronos y kairós

Posponer el cambio es tentador. Dejarlo para más tarde. Me dedico al *coaching* con personas del mundo de los negocios y con frecuencia suelo escuchar: «Cuando me retire voy a retribuir con algo / voy a hacer lo que siempre soñé». Lo llamo compensar la vida. Consiste, más o menos, en esto: te pasas cuarenta años haciendo algo que no te gusta para poder pasar cinco haciendo lo que siempre has querido. Mi consejo es revertirlo.

Pero a veces es difícil saber qué quieres hacer. Todos tenemos la sensación de que hay algo esperándonos. Ver cómo pasa el tiempo es frustrante. Pero recuerda que hay dos tipos de tiempo: cronos y kairós. Cronos es uno de los conceptos griegos de tiempo. Se refiere al flujo lineal y medible de segundos, minutos, horas, días, semanas, meses y años. Este verano mi amigo Dave lo expuso de manera clara y concisa. Le comenté lo genial que estaba siendo el verano. «Disfrútalo, probablemente solo te quedan cuarenta más», me dijo. Sí, pensé, y durante los diez últimos padeceré incontinencia. Esta es la trampa del tiempo cronos: parece que se está acabando.

Piensa, en cambio, en la otra definición griega de tiempo: kairós. Kairós significa el momento correcto u oportuno. Puede que se te haya acabado el tiempo cronos, pero que te queden muchos momentos perfectos. A veces es el momento correcto para ciertas cosas y a veces no. Pero puedes empezar a pensar en esas cosas ahora. De hecho, solo hay un momento para comenzar a pensar y es...

AHORA

Como dijo Jessie J: «no se trata de dinero».

Si solo te interesara el dinero, no estarías leyendo esto. El dinero es importante. Todos necesitamos vivir y todos necesitamos ganarlo. Pero hacerlo de manera correcta es importante.

Mickey Smith (un orador de Do Lectures de 2011) dice en su película *Dark Side of the Lens*:

«SI EN LA VIDA SOLO PUEDO IR TIRANDO, AL MENOS SERÁ UNA VIDA POR LA QUE VALDRÁ LA PENA IR TIRANDO».

Estas palabras me persiguen. Este sentido de apreciación, de propósito, de valor está ausente en muchas vidas. Es hora de cambiar eso.

Es cierto, puede que no quieras cambiar el mundo. Puede que no sea lo tuyo. Y no pasa nada (aunque se está calentando).

Quizá lo que haces te aburre.

Entonces necesitas cambiarlo.

Aquí hay un pequeño ejercicio que señala por qué.

Toma una cinta métrica de un metro.
Yo suelo tener un par de IKEA de repuesto.

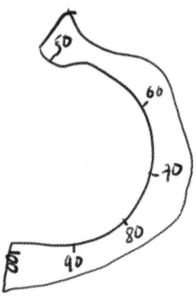

Córtala según tu edad, en mi caso son cuarenta y ocho.

Texto e imágenes de *Do Disrupt*, de Mark Shayler

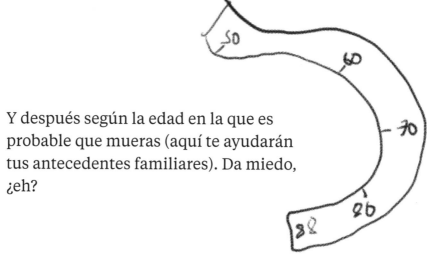

Y después según la edad en la que es probable que mueras (aquí te ayudarán tus antecedentes familiares). Da miedo, ¿eh?

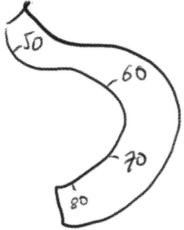

Y de nuevo según la edad a la que esperas jubilarte.*

Así que eso es lo que me queda.
Y pasaré un tercio de este tiempo durmiendo.
Será mejor que te pongas manos a la obra, entonces.

SOLO TE ARREPENTIRÁS DE LAS COSAS QUE NO HAYAS HECHO.

* Tengo cuatro hijos, puede que nunca me jubile.

CAPÍTULO TRES

CAMBIO

Ábrete al cambio

Cambiar puede significar cosas diferentes para diferentes personas. Puede ser emocionante, aterrador, algo que temer o aceptar. Pero la verdad es que todos necesitamos estar abiertos a la idea del cambio. Para avanzar, normalmente tiene que cambiar algo. Puede ser tan simple como usar otro tipo de lápiz o tan profundo como modificar todo tu sistema de creencias. Pero, independientemente de su envergadura, todos los cambios son válidos, pues significan que estás empezando a considerar otras posibilidades o formas de hacer las cosas.

A veces, la parte más difícil es darse cuenta y luego aceptar que las cosas deben cambiar. Es difícil porque da miedo. Mucho miedo. Nos encanta la comodidad de nuestra rutina. Es..., es... cómodo, una sensación muy agradable. Alterarla de repente parece de locos, pero a veces es necesario hacerlo para llegar a un lugar mejor. Plantéatelo como pequeñas turbulencias. Hazme caso, ¡pronto pasarán y luego estarás por encima de las nubes!

¿Así que quieres cambiar las cosas? ¿Quieres algo nuevo? Bien. ¡Bien! Si estás inmerso en la rutina, yo no te voy a ayudar a salir. Te voy a mostrar cómo puedes hacerlo tú mismo.

Sé el cambio que quieres ver

Es evidente que este libro está siendo superidealista y toda esta bonita sensiblería sobre limitarte a hacer lo que te apasiona, bla, bla, es molesta, ¿verdad? Bueno, tal vez soy idealista. Pero ¿por qué no intentar crear tu mundo ideal en el que vivir? Es muy fácil acabar devorado por el cinismo y la negatividad, pensando que a personas como tú no les suceden cosas buenas y que las oportunidades, simplemente, no se presentan. Así que comienza por dedicar parte de tu tiempo y energía a cambiar eso. Empieza por tender puentes, por entablar conversaciones, empieza a sembrar semillas. No te concentres en lo que no sucede, sino en lo que podría suceder.

Si no te sientes representado por ningún grupo, créalo. Si hay algo sobre lo que no se está hablando, ponlo sobre la mesa.

Si trabajas en una organización de gran tamaño, tendrás que encontrar los límites de lo que puedes y no puedes cambiar. Ejerce una suave resistencia hacia aquellas cosas que te gustaría que fueran diferentes, ayuda y anima a otros con aquello que te gustaría cambiar. No estoy defendiendo una postura hostil o agresiva, sino lo contrario: puedes llevar a cabo cambios siendo una persona amable, cercana y apasionada.

Mi amiga y colega conferenciante en las Do Lectures Sarah Corbett fundó el Craftivist Collective, un grupo que combina manualidades (generalmente en forma de punto de cruz) y activismo para involucrar a las personas en el cambio social. Lo hace de manera respetuosa y pacífica, como una forma de «activismo amable». Y funciona. Hace unos años, Sarah estaba todo el día fastidiando a una miembro local del Parlamento —le enviaba peticiones y le transmitía problemas—, hasta el punto de que la mujer le pidió que parara. «Estás perdiendo tu tiempo y el mío», le dijo. Sarah, claramente frustrada por semejante respuesta, fue consciente de que tenía que llamar la atención de la funcionaria de otra manera. Usó sus conocimientos de manualidades para bordarle un pañuelo con un mensaje personal y la frase «¡Que no dé igual!».

Gracias a ese toque personal, Sarah pudo reunirse con ella; se sentaron y hablaron la una con la otra en lugar de limitarse a decirse cosas la una a la otra.

Todo esto demuestra que no hace falta ser un extrovertido o un lunático para lograr cambios, sino tener ganas y un objetivo. Cómo manifiestas esas ganas depende de ti: no hay una forma correcta o incorrecta. Pero además las cosas cambian, también, de forma natural. Por ello tendrás que reevaluarte constantemente. Lo que quieres y necesitas de tu vida laboral y personal puede cambiar, y lo hará a menudo. Así que de vez en cuando tómate un tiempo para hacer balance de lo que estás pensando y sintiendo. En la práctica, lo puedes lograr con solo salir de tu rutina habitual: cambia ligeramente tu agenda y date un poco de tiempo para reflexionar. Hazte una nota mental para chequear regularmente cómo te encuentras. Podría ser algo tan elaborado como unas minivacaciones durante las que evaluar tu vida y tu trabajo. Marcharte a solas. Radical, ¿eh? O podría ser tan simple como aprovechar un trayecto en tren para desconectar de las redes sociales y simplemente contemplar.

¿Eres feliz? ¿Eres parte del cambio que te gustaría ver? Plantéate estas preguntas. Si bien esta es una búsqueda individual, piensa también en las necesidades de los demás. ¿Se alinean tus ideas y objetivos con lo que tus colegas y compañeros están haciendo? ¿Crees que hay una manera mejor de hacer algo que beneficie a todos? Colaborar con otros puede hacer que el cambio suceda mucho más rápido, así que busca esas almas optimistas que comparten tu deseo de cambio.

La comunicación también es clave para aquellos que no buscan el cambio. En toda organización, no importa el tipo ni el tamaño, habrá oposición, por lo que se hace esencial transmitir apasionadamente el deseo de hacer que las cosas sean diferentes. El mensaje del manifiesto Craftivist de Sarah, «Provoke Don't Preach» [Provoca, no sermonees], encaja perfectamente con esto. Fomenta el debate y los nuevos puntos de vista, no los fuerces. La fuerza, a menudo, encuentra resistencia.

¿Cambio? Empieza a parecerse cada vez más a caminar sobre una larga cuerda floja, ¿no? Es cierto que no será fácil, pero valdrá la pena. Quieres llegar al otro lado, ¿cierto?

NEW
DESTINATION
CHAP   SEC   PG
00-01-09

BE
HPPY
CHAP   SEC   PG
02-03-28

SAY
YES
CHAP SEC PG
03-02-40

MAKE
TIME
CHAP   SEC   PG
05-03-84

BE THE
SUN
04-03-71

GRFT
AND CRFT
06-01-106   CHAP SEC PG

CHAP   SEC   PG
03-04-44
TEACH
YOURSELF

BE THE
CHNGE
CHAP   SEC   PG
02 01 23

FIND
BLNCE
CHAP   SEC   PG
05-04-86

LAS PERSONAS QUE DICEN QUE NO SE PUEDE HACER NO DEBERÍAN INTERRUMPIR A LAS QUE LO ESTÁN HACIENDO.

— George Bernard Shaw

Apaga internet

Considera las distracciones como el enemigo. Afortunadamente, cada uno de tus dispositivos electrónicos tiene un botón de apagado. Recuerda, tu tiempo es limitado. Pero tu capacidad para distraerte es infinita. Si quieres hacer cosas, tienes que concentrarte. Y la concentración se consigue bloqueando ese ajetreado mundo de ahí fuera.

No soy bueno con el correo electrónico. Pero soy bueno en llevar las cosas a término. El correo electrónico me parece una distracción para que las cosas sucedan. Considero que acabar cosas es más importante que tener una bandeja de entrada vacía. He comprado todas las aplicaciones posibles para ayudarme a lidiar con el correo electrónico. Pero no me funcionan. No son ellas. Soy yo.

Internet es genial, pero consume tu tiempo de una manera muy eficaz. Es un dispositivo de distracción superadictivo que, si se lo permitimos, nos impedirá hacer cosas. Haz clic en el botón de apagado. Tienes cosas que hacer.

Una noche y plazos autoimpuestos

A veces empezar algo cuesta tanto como acabarlo. Tienes todas las razones del mundo para posponerlo: «No tengo tiempo para dedicarme a esto», «No es el momento», «Me falta dinero», «Estoy cansado», «Ponen mi serie favorita en la tele».

Siempre habrá mil razones para no comenzar un nuevo proyecto o empresa, de las cuales algunas son válidas y otras no. Pero lo cierto es que arrancar con algo nuevo es difícil. Se necesita mucha energía y fuerza de voluntad, y ambas son cosas valiosas y difíciles de conseguir. Por eso, con lo «nuevo» me gusta ir poco a poco.

Lo llamo «aventura de una noche» y consiste en entregarme a un nuevo microproyecto, pero solo una noche.

Normalmente el resultado final es una pequeña tontería de vídeo o un póster para una banda ficticia, ¡pero me sirve para algo! Ahora estoy hablando en términos de diseño, que es a lo que me dedico, pero puede ser cualquier otra cosa. Puedes escribir un cuento corto. Componer una ópera de quince segundos. Organizar un café matutino. Probar una nueva receta. Sea lo que sea, siempre obtienes algo de ello.

Plantéatelo como un entrenamiento. Para ponerse en forma hay que hacer ejercicio. Esfuerzo en pequeñas dosis para aumentar la masa muscular y estar cada vez más fuerte y en forma. No puedes hacer una maratón sin correr antes diez, veinte, y treinta kilómetros, así que haz esos pequeños pero frecuentes ejercicios de entrenamiento y pronto adelantarás, volando más allá de tus competidores.

CAMBIO

Texto de *Vuela*, de Gavin Strange

TRABAJA CADA DÍA HACIA EL OBJETIVO

(obsesión… ahhh, reconozco ese olor)

EL 99% DE LAS EMPRESAS FRACASAN POR UNA RAZÓN

No arrancan. La línea de salida es el lugar más aterrador. Crúzala y te juzgarán. Crúzala y puedes fallar. Crúzala y ya no podrás esconderte tras lo que podría haber sido.

La mayoría de la gente habla de comenzar algo algún día. Pero «algún día» nunca llega. No pasan de la línea de salida. Es probable que sus ideas sean lo suficientemente buenas como para tener éxito. Pero su fe en ellas no es lo suficientemente fuerte.

La oficina de patentes no tiene las mejores ideas. Estas se encuentran en tu cabeza, a la espera de que creas en ellas lo suficiente como para comenzar.

Una vez que cruces esa línea, estarás en el club del 1%. Esas pocas personas que convierten sus ideas en cosas reales. Bum.

COMIENZA ANTES DE ESTAR PREPARADO

En la pista de despegue hay un momento en que el avión alcanza la velocidad V1. Una vez sobrepasada, se alcanza el punto de no retorno. El punto donde no se puede abortar el despegue. Hay que despegar. O estrellarse. Cada avión determina su velocidad V1 en función de su peso, la velocidad del viento, las condiciones meteorológicas, la pendiente, la longitud de la pista, etcétera. Por eso, si bien no hay una línea física trazada en cada pista, está ahí.

Pero cuando se trata de montar un negocio, no hay cálculo que nos indique cuál es el momento adecuado. ¿Y qué sucede?

Procrastinamos. Levantamos barreras para justificar el no empezar. «La economía no va bien.». «Tengo una gran hipoteca.» «Necesito más experiencia.» Esas barreras que eriges solo tú puedes derribarlas.

Nunca hay un buen momento para comenzar. Acéptalo. Y empieza ahora.

PLEASE WATCH
YOUR HEAD
ON THE
SCAFFOLDING

Cómo aprendemos.
Cómo nos comunicamos.
Qué comemos.
Cómo jugamos.
Cómo hacemos ejercicio.
Dónde vivimos.
Cómo viajamos.
Nuestro comportamiento.
Nuestros gobiernos.
Nuestras empresas.
La música que escuchamos.
Cómo nos relajamos.
Cómo nos mantenemos
despiertos.
El *statu quo*.
La sabiduría popular.
«Así es como hacemos
las cosas por aquí.»

LAS IDEAS LO CAMBIAN TODO

ENTONCES, ¿CUÁL ES LA TUYA?

Puede que aún no la tengas. Este ejercicio analiza lo que te gusta hacer. Si ya tienes una idea, quédate conmigo un rato más, no te hará daño repasarla. Delante de ti verás tres columnas con encabezamientos.

— **Cosas que te gusta hacer**

— **Cosas que son importantes para ti**

— **Cosas que se te dan bien**

Tómate un tiempo para contestar. Sé sincero, pues aquí estás definiendo tu objetivo.

Cosas que te gustan

Cosas que te importan

Cosas que se te dan bien

Bien, has enumerado tus pasiones, tus habilidades y las cosas con las que disfrutas. Ahora quiero que dediques media hora a pensar en cómo podrías unir todo eso. Deja que se te ocurran un par de cosas locas y un par de cosas aburridas, y anótalas aquí abajo.

MI GRAN LISTA DE POSIBLES IDEAS

¿Te ha gustado? ¿Demasiado difícil? ¿Un poco forzado? No pasa nada. Puede que el siguiente ejercicio te ayude. Sigue los pasos y, al finalizar, tendrás, al menos, cuatro posibles ideas.

GENERADOR DE IDEAS

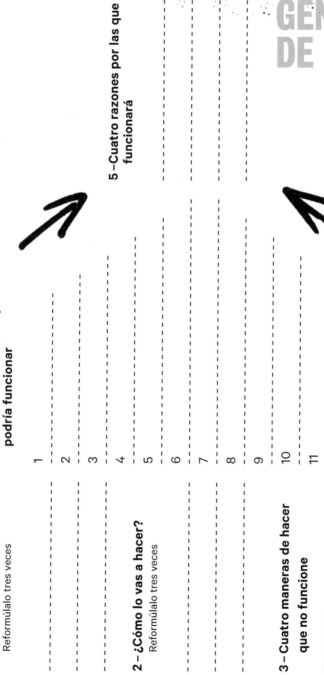

5 – Cuatro razones por las que funcionará

- - - - - - - -

- - - - - - - -

- - - - - - - -

- - - - - - - -

4 – Doce maneras en las que podría funcionar

1 - - - - - - - - - -

2 - - - - - - - - - -

3 - - - - - - - - - -

4 - - - - - - - - - -

5 - - - - - - - - - -

6 - - - - - - - - - -

7 - - - - - - - - - -

8 - - - - - - - - - -

9 - - - - - - - - - -

10 - - - - - - - - - -

11 - - - - - - - - - -

12 - - - - - - - - - -

Por ejemplo: ¿mejoraría si añades algo? ¿Mejoraría si le quitas algo?
¿Se asustará la competencia? ¿Por qué razón dejaría alguien de
comprarlo? ¿Es físicamente posible? ¿Es viable a nivel financiero?
¿Se puede registrar su propiedad intelectual? ¿Es sencillo

1 – ¿Qué quieres hacer?
Reformúlalo tres veces

- - - - - - - - - -

- - - - - - - - - -

- - - - - - - - - -

2 – ¿Cómo lo vas a hacer?
Reformúlalo tres veces

- - - - - - - - - -

- - - - - - - - - -

- - - - - - - - - -

3 – Cuatro maneras de hacer que no funcione

- - - - - - - - - -

- - - - - - - - - -

- - - - - - - - - -

- - - - - - - - - -

No intentes ser original, sé honesto

Es una afirmación atrevida, lo sé, pero confía en mí. En primer lugar, si ya tienes esa capacidad de ser de veras original y visionario, entonces te felicito. ¡Puedes saltarte esta sección!

Si, como yo, formas parte del 99,9 % que no hemos nacido siendo visionarios líderes mundiales, entonces esta sección es para ti. Igual que no deberías gastar energía preocupándote por lo que hacen otros, tampoco deberías gastarla en hacer algo que nadie ha hecho antes. Porque, amigo, eso es muy, muy difícil.

En su lugar, concéntrate en hacer cosas en las que crees. Haz cosas que te apasionen y en las que puedas poner tu corazón. Crea sobre lo que otros han creado, pero hazlo honestamente. Nunca se sabe, es posible que por pura honestidad tropieces con algo totalmente original.

Como individuo, eres único. Tu educación, tu actitud, lo que te gusta, tus odios, pasiones, miedos, todo se funde hasta convertirse en una viscosa lava creativa que se acaba solidificando en algo que es absolutamente único.

Por eso no tiene sentido obsesionarse con las comparaciones. Aun así, como no se pueden evitar, simplemente espera a que lleguen y luego sigue adelante sin hacerles caso. Que te digan: «Oh, sí, lo he visto, es igualito que X», aunque tú nunca hayas oído hablar de X. No dejes que eso te detenga, archívalo en el fondo de tu mente y continúa a pesar de lo que te digan. Un amigo de Bristol llamado Miles me dijo una vez: «No lo hagas perfecto, hazlo ahora». Nunca lo he olvidado.

Algunas ideas las tienes justo delante

Dietrich Mateschitz se fue de vacaciones a Tailandia y vio a mucha gente tomando Krating Daeng, una bebida autóctona. No dejaba de preguntarse: «¿Y eso qué quiere decir?». Su radar estaba encendido. No inventó Red Bull. Ya existía. Simplemente echó mano de algo que vio mientras estaba de vacaciones y lo convirtió en una categoría completamente nueva.

James Dyson no fue el único que pasó caminando junto a un aserradero y vio un extractor en la parte superior. La respuesta estaba allí para cualquiera capaz de plantearse la pregunta correcta. Pero él fue el único que comenzó a fabricar aspiradores con esa tecnología. Sí, le llevó cinco años y más de cinco mil iteraciones. No inventó nada. Tomó la idea de otro sector y la aplicó a los aspiradores. Hizo que funcionara.

Muchas veces las ideas las tenemos justo delante, esperando a que echemos mano de ellas y las exportemos a otro sector o país.

Las ideas funcionan como el velcro

El velcro funciona así: en un lado hay una serie de ganchos orientados en muchas direcciones aleatorias. En el otro, una serie de bucles también orientados en muchas direcciones aleatorias. Cuando un gancho se encuentra con un bucle, se conectan. Se trata del negocio de las conexiones.

Es ese carácter aleatorio de los ganchos y los bucles lo que hace que el velcro funcione, y también debería ser importante para nosotros si queremos ser interesantes. Necesitamos disponer de muchos ganchos y bucles aleatorios. Si seguimos leyendo los mismos libros de siempre, sabremos más sobre algo de lo que ya sabemos mucho. Necesitamos suscribirnos a revistas a las que no nos suscribiríamos normalmente; necesitamos ir a lugares a los que nunca iríamos, comer en lugares que no son de nuestro estilo.

Salir de nuestra rutina nos permite seguir siendo interesantes. Seguimos empujándonos; dejamos atrás lo que sabemos por un momento.

Desde el punto de vista de la generación de ideas, esto es importante. Si tus puntos de referencia son diferentes a los de los demás, entonces —adivina— tus ideas serán diferentes. Pensar diferente: hacer diferente, leer diferente, viajar diferente, comer diferente, etcétera.

Para establecer una conexión, el velcro va en muchas y variadas direcciones. Si estamos interesados en nuevas ideas, deberíamos hacer lo mismo.

Inspirado en el Do Course *Cómo ser interesante,* de Russell Davies

IDEAS

Algunas ideas nacen feas

Con frecuencia no existen puntos de referencia para las buenas ideas. No tenemos nada con que compararlas. Son originales e incómodas. Y por eso, si alguien quiere acabar con ellas, son las más vulnerables. No se adaptan a la norma existente, eso las convierte en un reto.

Es por esta razón que, para mantener viva la idea, tendrás que confiar en tu instinto más visceral, y esto es lo más difícil. Tienes que creer en ello cuando nadie más lo hace. El progenitor tiene que amar al patito feo hasta que se convierta en una pequeña belleza.

La otra cosa que ocurre es que juzgamos las ideas demasiado rápido. No siempre es fácil discernir desde el principio qué ideas son buenas, malas o feas. Aprende a no juzgarlas demasiado rápido. Esa idea aparentemente tonta podría ser la mejor. Si piensas de manera convencional, podrías dejar fuera al patito feo.

23
PREGUNTAS QUE PLANTEARTE SOBRE TU IDEA

1. ¿Es una buena idea?
2. ¿Es una idea novedosa?
3. ¿Es escalable?
4. ¿Tendrá aceptación?
5. ¿Qué cambio comportará?
6. ¿Se puede invertir en ella?
7. ¿Es importante para ti?
8. ¿Es importante para tu cliente?
9. ¿Cómo lo sabes?
10. ¿De qué envergadura es el cambio que puede propiciar?
11. ¿Es buena para el planeta?
12. ¿Es buena para el ser humano?
13. ¿Cuál es tu nicho?
14. ¿Es grande ese nicho?
15. ¿Cómo la pondrás a prueba?
16. ¿Resuelve un problema recurrente?
17. ¿Ese problema necesita una solución?
18. ¿Qué disrupción comportará?
19. ¿Dónde estará de aquí a cinco años?
20. ¿Estás enamorado de la idea?
21. ¿Invertirías diez años en hacerla realidad?
22. ¿Cuál será su legado?
23. Si aún no estás convencido con tu idea, sigue con la lista.

Escribe tu plan de negocio en un felpudo

Si encargas un felpudo, te cobran por palabra. Esta restricción financiera hace que le dediques tiempo y atención a qué quieres poner. La otra restricción es que el espacio es limitado.

Por ello has de poder sintetizar lo que piensas en el menor número de palabras posible. Tan pocas que quepan en un felpudo.

Si pudieras aplicar a tu plan de negocio el proceso de escribir en un felpudo, creo que muchas más personas caminarían por él. ¿Por qué? Porque no te quedaría otra que hacerlo simple y claro. Y lo simple y claro es bueno para los negocios.

Así que pregúntate de qué quieres ser el portavoz con la menor cantidad de palabras posible:

Kickstarter: *Cambiar la financiación de las ideas.*
Patagonia: *Más Calidad. Menor impacto.*
Google: *Búsquedas más rápidas y relevantes.*

Cuanto menos tengas que gastar en el felpudo, más habrás pensado.

Las ideas necesitan que alguien las haga realidad

Las ideas necesitan hacedores, no charlatanes. Las ideas requieren que creamos totalmente en ellas. Por lo tanto, antes de cruzar esa línea, asegúrate de estar comprometido al cien por cien. Las empresas fracasan por muchas razones.

Puede que los fundadores no crean lo suficiente en la idea, o que uno de los socios pierda los nervios cuando se le pone a prueba por primera vez.

La falta de fe puede ser mucho más perjudicial que la falta de financiación.

En términos de fútbol americano, equivale a no entregarse totalmente en el placaje. Y cuando lo haces a medias, las lesiones son mucho más probables.

Los jugadores que se reservan para el próximo gran partido o para un torneo importante a menudo terminan lesionados porque se contuvieron. Reprimirse con frecuencia acaba en lágrimas. Del mismo modo, las ideas también necesitan de tu compromiso. Necesitan todo tu dinero. Necesitan todo tu tiempo. Necesitan toda tu energía. Necesitan todo tu amor. Necesitan toda tu fe. Si no te entusiasma la idea, no vale la pena que empieces.

LOS PRESUPUESTOS PEQUEÑOS NECESITAN IDEAS VALIENTES

Las grandes ideas no cuestan más que las malas. Está bien saberlo. Y, si quieres deshacerte del estrés que acarrea llevar un negocio, haz que se te ocurra una gran idea.

A las ideas no les importa quién eres ni dónde estás. No se acercan a las personas con más dinero ni con la mejor sonrisa. Aparecen en el baño, en la ducha, mientras caminas, cuando menos te lo esperas y cuando más las necesitas. Pero te llegarán. Solo tienes que escuchar. Y esa es una habilidad que hay que aprender.

Estar siempre a la escucha.

Una gran idea te proporcionará más publicidad, más energía y, al final, más ventas. Jake Burton inventó un deporte completamente nuevo: el snowboard. No tenía un gran presupuesto. Solo una gran idea. Un deporte completamente nuevo.

LA GENTE CUERDA RENUNCIA

Poner en marcha un negocio es difícil. Hay que trabajar como un loco y sostener ese ritmo durante bastante tiempo. Cobrando poco, con horarios horribles y toneladas de estrés. Cualquier persona normal y razonable renunciaría. Y eso es justamente lo que pasa. Cuando las cosas se ponen difíciles, y siempre se llega a esa instancia, la gente cuerda renuncia.

Pero los emprendedores movidos por un propósito son diferentes. Se enamoran de poder marcar la diferencia, así que tienen que encontrar la manera de lograrlo. Su amor les impide dejar la tarea. El amor les hace perseverar.

El amor los vuelve ciegos a toda la preocupación y el estrés. Y es su propósito el que alimenta ese amor.

SI LO VAS A INTENTAR, HAZLO HASTA EL FINAL. DE LO CONTRARIO, NO TE MOLESTES EN EMPEZAR.

CHARLES BUKOWSKI

CAPÍTULO CINCO

TRABAJO

MADRUGA.
TRABAJA DURO.
ENCUENTRA PETRÓLEO.

— Jean Paul Getty

Ahora que hemos entrado en la pista de despegue, ¡es hora de ponerse manos a la obra! Para empezar, me gustaría cambiar completamente la manera como percibimos el «trabajo». Debería ser algo que nos emocionara, ¡no que nos deprima! Durante la infancia, el trabajo se puede ver como el momento en el que dejamos de ser niños, el comienzo de la etapa adulta y un lugar donde la diversión está estrictamente prohibida. No sé muy bien de dónde viene esto, porque no creo que se haya dicho nunca en voz alta, pero está claro que es algo que se da por sentado.

Esta noción de que el trabajo es algo que hay que soportar, algo que tiene que ser penoso, es una locura. ¡No tiene por qué ser así! Aunque es cierto que existen grandes excepciones. Hay un montón de trabajos que son laboriosos y francamente duros y a los cuales me gusta referirme como «trabajo auténtico». Por suerte, también hay algunas personas que son muy hábiles en estas cosas. Así que, en realidad, este capítulo debería llamarse «El trabajo *puede* disfrutarse, no soportarse».

Si, como yo, tienes la suerte de trabajar en un sector que requiere pensamiento creativo (un enorme ámbito laboral) o quieres entrar a formar parte de la industria creativa, entonces no pienses en el trabajo como una necesidad, sino como una oportunidad.

Podría parecer que me estoy refiriendo lisa y llanamente al arte, y engrandeciéndolo. Pero el trabajo «creativo» no se limita al de los artistas, diseñadores y los que pintan. Para nada. La creatividad se utiliza en todas partes.

Es la manera de resolver problemas: usar el conocimiento, la intuición y el ingenio para alcanzar el resultado deseado. Esto engloba, por tanto, casi todos los trabajos, ¿verdad? ¡Bien!

Se trata básicamente de que adoptes la actitud correcta. Intenta olvidarte del sueldo por un momento. ¿Y si te plantearas el trabajo como un desafío, como un juego, como una forma de pasar al siguiente nivel? La mayoría de nosotros pasaremos una enorme parte de nuestras vidas trabajando, por lo que deberíamos hacer algo que nos gustara, que nos resultara interesante y atractivo. Es una oportunidad para cambiar cosas, para dar forma a cosas, para hacer y romper cosas, para ser verdaderamente disruptivo.

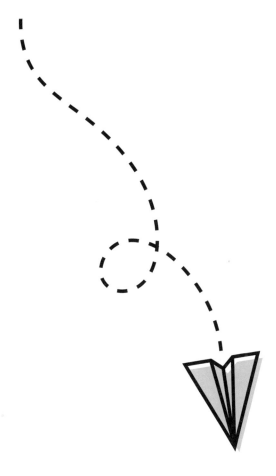

Los negocios pueden hacer el bien

Antes de que sea demasiado tarde, deberíamos embarcarnos seriamente en la tarea existencial más importante (y auténticamente revolucionaria) a la que se enfrenta la civilización moderna, la de conseguir que cualquier crecimiento futuro sea compatible con la conservación a largo plazo de la única biosfera que tenemos.

— Vaclav Smil

«¿Qué necesita el mundo?» es una de las preguntas más apremiantes de nuestro tiempo. ¿Por qué? Porque abarca toda otra serie de preguntas: ¿por qué estamos aquí?; ¿por qué razón existimos?; ¿qué valores constituyen los cimientos de lo que más importa?; ¿qué tipo de mundo estamos intentando crear? Debemos transformar nuestra mentalidad, pero ¿con qué fin?

La pandemia de coronavirus nos ha llevado a un momento de transformación, pero representa una extraordinaria oportunidad para imaginar cómo podría ser un mejor futuro para todos nosotros.

Las empresas pueden buscar el bien y manifestarlo en todo lo que crean. Si queremos construir un futuro que valga la pena vivir, debemos intentar alcanzar el equilibrio entre nuestra economía, nuestro medio ambiente y nuestra civilización. Necesitamos reimaginar el propósito mismo de los negocios y el papel que juegan en la regeneración de nuestra economía, nuestro medio ambiente y nuestra civilización. Eso es lo que el mundo necesita de la empresa. Eso es lo que las empresas necesitan dar al mundo.

Debemos alejarnos de los devastadores efectos de perseguir el crecimiento sin fin, de las ganancias a cualquier precio.

La virtud universal de hacer el bien en los negocios, unida a la necesidad de una sociedad más transformadora y regenerativa, han permanecido silenciadas demasiado tiempo. Ahora estamos al límite: un tercio de toda la riqueza del mundo se acumula en paraísos fiscales *offshore*; estamos asolados por los incendios y las inundaciones; los glaciares de nuestras montañas están en retroceso y se precipitan en los océanos a una velocidad vertiginosa.

Las necesidades de tus clientes también han cambiado. El debate sobre el tipo de mundo en el que queremos vivir ha dado un giro, propiciado por un cambio generacional de valores, por el conocimiento y la toma de conciencia de que, para muchas personas, nuestro mundo no funciona. La generación de nuestros hijos no tiene un billete al futuro. No tendrán trabajos de por vida. Muchos de ellos saben que no podrán permitirse comprar una casa. Sin embargo, están repletos de valores. Pueden llegar a pensar mucho en el medio ambiente y sentirse profundamente preocupados por cuestiones de responsabilidad social, igualdad y diversidad.

Hoy en día hay en el mundo de los negocios una comprensión cada vez mayor de que contabilizamos las cosas equivocadas, y de que esto empequeñece nuestra visión del mundo. Hemos dejado de entender la vida como un todo, como algo íntegro. Debemos comenzar por aceptar la interconexión de nuestro mundo natural, porque la naturaleza no está diseñada de forma egoísta, sino para servir y cubrir las necesidades de todo tipo de vida. Necesitamos medir el éxito de una manera más cualitativa y enriquecedora. Necesitamos preguntarnos: ¿qué es el crecimiento?, ¿qué es el progreso?, ¿cómo los medimos?

Podríamos comenzar por valorar los logros de nuestro crecimiento económico en los últimos doscientos años, pero reconociendo al mismo tiempo sus crecientes limitaciones. Tenemos que cambiar cómo medimos la productividad, la prosperidad, la sostenibilidad, las ganancias y las pérdidas, y revisar los modelos de negocio diseñados para un crecimiento sin fin. Necesitamos medir la captura de carbono, la regeneración y la calidad de vida.

Quiero mostrarte cómo puedes contribuir al equilibrio que el mundo necesita, basándome en hechos reales, de personas que viven en el mundo real, que piden un cambio positivo y duradero, gente que está lista para crear, hacer y construir esa nueva realidad. Puede que llegar a Marte sea solo cuestión de tiempo, pero no todo el mundo irá, así que ¿por qué no arreglar el planeta que ya tenemos?

Nos encanta tu trabajo: motocicletas Blitz

Hugo y Fred fabrican motocicletas. Las construyen a partir de motos ya desechadas, modelos únicos para los que usan los chasis, motores, depósitos de gasolina y manillares de máquinas de otro tiempo. Llaman a su empresa Blitz, que significa «empuje», como si infundieran una nueva vida, una nueva energía, un nuevo propósito a las motocicletas viejas.

Poseídos por una visión estética sobre cómo recuperar esas motocicletas con el objetivo de que renacieran como algo nuevo y emocionante de conducir, Hugo y Fred trabajaron con ahínco para conseguir aquello que amaban. Para ellos, las motocicletas y su mecánica son una pasión. La preservación de una época de la ingeniería de las motos se convirtió en su misión. Las motocicletas Blitz, que dondequiera que estén arrancan desde ese lugar que hace que el corazón lata un poco más rápido —el ruido que emiten, el modo en que te hacen sentir cuanto las conduces por las calles de París o por las polvorientas carreteras secundarias de otro territorio—, le hablan al alma. Si el poeta existencialista Thom Gunn viviera hoy en día, su poesía vibraría al ritmo de un motor que soporta el calor de una motocicleta Blitz y de los motoristas con chaqueta de cuero que se proyectan siempre hacia delante.

Hugo y Fred aprendieron solos sobre mecánica de motos siguiendo el método de ensayo y error. Tardaron un tiempo, como ocurre siempre que alguien se convierte en un maestro de su oficio. Perseveraron, conscientes de que el tiempo está conectado a la tierra.

No puedes precipitarte hacia la grandeza, no puedes garantizarla; solo puedes tender hacia ella mediante la práctica diaria de tu oficio, motivado por tu pasión, por tu propósito.

El sacrificio puede implicar dinero y tiempo dedicado a hacer otras cosas, pero todo eso suma a la realización de un propósito que ofrece recompensas mucho mayores. El reordenamiento del trabajo, la felicidad y el juego. Hugo y Fred hablan de que trabajan juntos con alegría, hablan del placer de aprender de forma continua. Sin duda, esta es la verdadera señal de la búsqueda de la excelencia en el trabajo, la revelación de la belleza y sus recompensas. Y hablan de adoptar una postura autónoma, una posición en la que uno puede vivir y trabajar sin deudas y sin los muchos desafíos vitales que las deudas suelen acarrear.

Sencillamente, cuesta tiempo construir estas máquinas, ya que todas ellas son únicas; no hay planificación temporal, el amor es el único árbitro del buen trabajo y de la jornada de esfuerzo. Fred y Hugo aseguran que han conocido a más personas interesantes en los pocos años que llevan trabajando en Blitz que en toda la década anterior: «Son más interesantes porque tienen una pasión, como nosotros». Aprecian el valor de cada uno de sus días.

Observa a las personas que adoran aquello en lo que trabajan. Siente su pasión. Presta atención a cómo describen su labor.

Si invirtiéramos en más cosas capaces de proporcionarnos una vida significativa, es posible que nuestro mundo nos transmitiera una sensación diferente. Y puede que nuestro trabajo incluso nos sobreviviera.

Como me dijo un buen amigo: «Invierte en amor, al final siempre paga bien».

El arte de hacer

La ansiedad está provocada por la falta de control, organización, preparación y acción.
— David Kekich

Nadie nos enseña el arte de hacer. Nos lanzan a la piscina en la escuela, logramos no ahogarnos en la universidad y acabamos chapoteando como locos durante nuestra vida laboral. El énfasis está en los resultados, no en cómo llegar hasta ellos. Nos venden soluciones a nuestro caos en forma de libros, aplicaciones, sistemas de archivado, precioso material de oficina y lápices y bolígrafos personalizados. Y los consumimos con avidez. Pero, ¡ay!, esto solo nos proporciona un pequeño respiro. ¡Porque la única solución a la desorganización es organizarse!

Así que, si estás aceptando, aunque sea a regañadientes, que quizá eres tú quien necesita cambiar, vas por buen camino. Y no se trata únicamente de hacer más; aprendiendo el arte de hacer descubrirás también el arte de ser. Este capítulo te guiará a través de un método simplificado que yo mismo he puesto en práctica y enseñado a muchas otras personas. No es una guía completa, pero es suficiente para empezar. Hay más recursos al final del libro.

Haz que te importe lo que haces

Con mis clientes y conmigo mismo utilizo un sencillo enfoque basado en que realmente nos importe lo que hacemos, llamado por sus siglas en inglés, CARE, que significa «importar»: Collect Arrange Reflect Execute.

Junta ▸ **Ordena** ▸ **Reflexiona** ▸ **Ejecuta**

Ordena tus cosas

En estos momentos probablemente tienes dos o tres cuentas de *email*, correo postal que te llega a casa y al trabajo, mensajes en tu teléfono, mensajes en redes sociales, mensajes en el contestador de tu móvil y en el del teléfono de casa (si aún dispones de uno), documentos en tu escritorio, garabatos en tu cuaderno (o en varios de ellos), un cuaderno (en algún lugar) con un número de teléfono importante apuntado en él, tarjetas de visita y recibos en tu cartera, el borrador de una presentación en la bolsa de tu ordenador portátil con apuntes de tu última reunión, apuntes en la aplicación de notas de tu teléfono móvil, fotos de cosas que te parecen bonitas y, oh, muchas ideas brillantes en tu cabeza.

Así que comencemos el proceso creando una forma más sencilla de añadir nuevos datos y nueva información a tu vida:

— Haz que todo tu correo electrónico te llegue a un solo buzón.
— Mantén una bandeja de entrada física en casa y otra en el trabajo.
— Lleva contigo una bandeja de entrada móvil (como una bolsa archivador con cremallera).
— Ten un solo ordenador portátil.
— Usa una aplicación de móvil para recopilar cosas.

Ahora apaga todas las notificaciones; sí, eso es, todas (de acuerdo, se permite una excepción). No más iconos en el teléfono con 2.000 correos sin leer, 43 llamadas perdidas, 17 alertas de Facebook, 62 artículos para «leer más tarde». No más vibraciones. No más pitidos. No más interrupciones innecesarias. Retoma el control. Tú decides a qué quieres prestar atención. Tú estás al mando. Si a la gente con la que trabajas no les gusta, diles que lo haces para poder trabajar, crear y pensar mejor y, si tienen un problema con ello, ¡quizá necesiten cambiar! Ponte firme.

Ordénalo todo sistemáticamente

Es muy normal que las personas que se han propuesto organizarse aprendan a ordenar pero fallen en el mantenimiento. La razón es que no se deciden sobre cómo hacerlo o no tienen un sistema. Sigue este sencillo procedimiento con toda la información y datos de tu vida y acabará convirtiéndose en un hábito. No necesitarás acordarte de qué hay que hacer ni pensar en ello, se convertirá en tu manera de hacer.

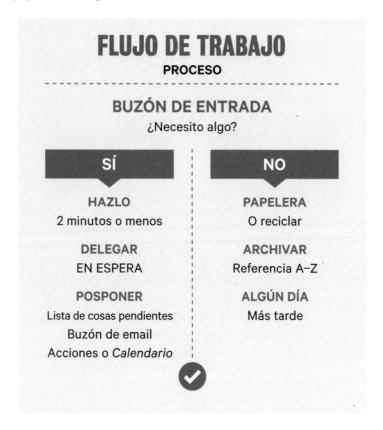

FLUJO DE TRABAJO
PROCESO

BUZÓN DE ENTRADA
¿Necesito algo?

SÍ	NO
HAZLO	**PAPELERA**
2 minutos o menos	O reciclar
DELEGAR	**ARCHIVAR**
EN ESPERA	Referencia A–Z
POSPONER	**ALGÚN DÍA**
Lista de cosas pendientes	Más tarde
Buzón de email	
Acciones o *Calendario*	

Hay dos lugares donde hago el seguimiento de mis «acciones».

1. Mi buzón «acciones» de correo electrónico.
2. Mis listas de tareas pendientes.

La primera es fácil. La segunda podría serlo, pero a menudo no lo es. Una vez más, surge el típico problema de pensar más en la herramienta o aplicación que voy a usar en lugar de en cómo usarla. Estas herramientas varían en su método y estilo, así que en seguida podemos acabar desbordados por el abanico de posibilidades, confundidos y obcecados, pensando que la solución al estrés es la herramienta en lugar de nosotros mismos.

Veamos cuáles son las claves para crear listas de cosas pendientes eficaces.

— **¡Utiliza verbos!** Si no puedes empezar una lista de quehaceres con un verbo (como *escribir, enviar* un correo electrónico, *llamar, encontrar, buscar,* etcétera) probablemente es que todavía no has entendido qué quiere decir la palabra *acción*.

— **Añade lugar o contexto.** Crear listas separadas o utilizar etiquetas para diferentes lugares te puede ayudar a ver qué es importante en el lugar en el que estás. Los contextos pueden ser ubicaciones físicas (la oficina, tu casa, una tienda) o los recursos que necesitas (ordenador, internet, teléfono).

— **Crea miniproyectos.** Si algo necesita más de un trámite, entonces destácalo. Decide cuál es el resultado que buscas y seguidamente haz una lista con, como mucho, los tres primeros trámites (no hay por qué planificar más de la cuenta). Es una estupenda manera de tomar impulso tanto para las pequeñas cosas de la vida como para aquel gran proyecto que aún no has empezado.

Aquí un ejemplo cotidiano:

Necesitas enviar una tarjeta de felicitación a un amigo, de manera que escribes en tu lista de cosas pendientes «Enviar felicitación a Dylan». Pero pasan los días y no lo haces. ¿Por qué? Porque no puedes. No tienes la tarjeta, no tienes un sello y no tienes su nueva dirección. Este es el aspecto que debería tener el miniproyecto:

Miniproyecto: Enviar felicitación a Dylan

Acciones:

[ ] Escribir un correo electrónico a Dylan pidiéndole su nueva dirección (por internet)

[ ] Comprar la tarjeta para Dylan

[ ] Comprar sellos (en una tienda)

[ ] Escribir la tarjeta (en el despacho)

[ ] Enviar la tarjeta (en una tienda)

Aunque puede parecer exagerado, no hay otra manera de hacerlo. Saber dónde archivas tus «acciones» significa no más pilas de papeles en tu escritorio ocultando cosas que quizá necesites hacer y, como resultado, no más esa constante sensación de agobio en tu cabeza. Y cuando miras a una ordenada lista de acciones durante un día loco de trabajo, te gustará encontrar esa claridad para actuar. Sin necesidad de pensar, solo tendrás que hacer.

Cada vez más personas y organizaciones deciden archivar sin papel. Y aun así, ¿alguna vez has visto una oficina sin papel? Con frecuencia, las empresas tecnológicas son las peores. En mi experiencia, es necesario tener un método sencillo para archivar cosas tanto en formato digital como físico. Notas, documentos, fotos, garabatos, artículos de revistas o recuerdos pueden servir como objetos de referencia. Los archivadores claramente etiquetados y organizados son inevitables. Gástate algo de dinero en unos buenos que vayan creciendo contigo y olvídate de soluciones temporales como cajas, carpetas y cosas así que acaban convirtiéndose en un enorme caos donde es imposible encontrar nada. Esto es lo que hago yo:

Un sencillo sistema de archivado

Utiliza un sistema «de la A a la Z» para todo
— Familia, finanzas, trabajo, proyectos, etcétera
Evita categorías poco concretas y carpetas de «varios».

Nombra las carpetas de forma clara
(Por ejemplo «Seguro del Hogar» u «Hogar-Seguro»).

Crea carpetas prácticas de consulta rápida en tu escritorio
Por ejemplo, «Apoyo para acciones» (con los documentos que necesitas para hacer cosas), «En espera» (para cosas que has delegado o pedido).

Si aun así acabas teniendo pilas de papel, entonces haz dos de ellas, una de «acciones» y otra de «referencias». Incluso una división así de simple hará que las cosas se vean algo más claras, tanto en tu mundo exterior como en tu cabeza.

Reflexiona sobre tu carga de trabajo

Cada día repasas tu diario, tu lista de tareas pendientes y el buzón de acciones en tu correo electrónico *antes* de buscar más trabajo en tu buzón de entrada. Este sencillo reordenamiento para empezar el día frente al ordenador pondrá tu agenda en primer lugar. Celebra una reunión de al menos una hora contigo mismo cada semana. Libera tus buzones físicos y de correo electrónico. Repasa tus compromisos: tus listas de tareas pendientes, tus proyectos, tu diario para las próximas dos semanas.

¡Ejecuta!

Una vez tu mente esté clara y tus acciones también, podrás realizar lo que debes hacer con mucha menos fricción. No necesitarás pensar dos veces. Solo tendrás que hacer. Aunque puede llevar tiempo configurarlo, una vez que tengas a punto un sistema, tu trabajo, tu mente y tu respiración funcionarán con mucha más fluidez.

REPASO DIARIO
TU RUTINA MATUTINA

1   **CALENDARIO** | Agenda
¿Cómo es tu día?

2   **LISTAS** | Hoy
¿Qué hay ya de importante?

3   **EMAIL** | Carpeta de acciones
¿Tengo ya algún *email* que requiera alguna acción?

Bandeja de entrada del *email*
Mírala únicamente una vez hayas hecho lo de más arriba para que estés al tanto de todos tus compromisos actuales.

REPASO SEMANAL
TU REUNIÓN MÁS IMPORTANTE

1   **LIMPIA LAS BANDEJAS**
Pon todas las bandejas de entrada a cero.

2   **ESCANEA TU CALENDARIO**
Mira dos semanas atrás y dos adelante en busca de cualquier cosa que necesite alguna acción.

3   **EXAMINA TODAS TUS LISTAS**
Repasa la lista de acciones y proyectos.
Repasa los temas ya zanjados.
Añade nuevas acciones.
Haz seguimiento de la lista «En espera» si es necesario.

4   **TOMA DISTANCIA**
Revisa tus objetivos y tus planes de proyecto.
Reflexiona sobre si tu vida necesita reequilibrarse.
¿Qué es lo realmente importante?

Las herramientas de un hacedor consciente

Si estandarizas tus herramientas y tus materiales de escritorio favoritos y te aseguras de tener repuestos, siempre estarás preparado para hacer. Esta es mi lista básica de control:

En mi escritorio
— Cuaderno A5
— Bolígrafos buenos
— Fichas para tormentas de ideas
— Armarios archivadores
— Carpetas de archivador con pestañas
— Bandeja de entrada

En mi ordenador y en mi móvil
— Calendario
— Contactos
— Lista de cosas por hacer
— Documentos en la nube
— Notas
— Redacciones
— Un gestor de contraseñas

Cuando estoy fuera
— Una libreta pequeña
— Bolsa A4 con cremalleras

Busca las herramientas que más te gusten y hazlas tuyas. Si tienes muy claro qué herramientas usas y por qué, reducirás la fricción mental y cada tarea la harás con mayor fluidez y alegría. ¡No olvides respirar con consciencia plena entre una tarea y otra! Antes de cambiar de aplicación o tarea, haz unas cuantas respiraciones desde el abdomen para mantener la calma y la concentración.

NO PUEDES
MARAVILLOSO
PASAR
NORMAL

LLEGAR A LO
SIN
POR LO

BILL WITHERS

CAPÍTULO SEIS

EQUIPO

EQUIPO

Incluso los ermitaños necesitan un equipo

A menos que seas un ermitaño, necesitas ser parte de un equipo. Pensándolo bien, incluso los ermitaños necesitan un equipo en algún momento: puede que para ayudarlos a construir su ermita, pero sin duda cuando enferman y necesitan ir al hospital. Pero no es solo una cuestión de necesidad. Los buenos equipos hacen que tu vida sea más feliz, más productiva, más eficiente y más divertida. Ser parte de un equipo que funciona, independientemente de la posición que ocupes en su jerarquía, es realmente especial. Requiere concentración, atención a los detalles y realizar ajustes con regularidad, pero las recompensas, tanto individuales como colectivas, son enormes.

Este capítulo te mostrará cómo llevarte bien con todas las personas que encuentres en tu camino y sacar lo mejor de ellas. Y así formar el mejor equipo posible.

Si estás pensando «trabajo prácticamente solo, no necesito un equipo», te equivocas. Un equipo pueden ser dos personas o pueden ser mil. Formas equipo con tu contable y con el director de tu banco, con la gente con la que sales o haces deporte. Lo único que le hace falta a un equipo es la cantidad justa de energía humana en su núcleo. No es una cosa inanimada; es un organismo vivo que respira.

Ah, y otra cosa antes de empezar. El mayor error que cometí en los negocios —y me llevó años darme cuenta— fue tratar de hacerlo todo yo solo. Ahora las cosas son diferentes, así que escribo por experiencia.

El preequipo

Tanto en la escuela, como después, en la universidad, me encantaba formar equipos. Los deportes no se me daban bien, así que no hablo de competición; reunía a la gente, sobre todo, para hacer obras de teatro, para formar una banda de música y organizar fiestas. Pronto me di cuenta de que, si trabajan bien juntas, las personas pueden ser muy efectivas. Éramos caóticos, estábamos confundidos y repletos de hormonas, pero algunas de las cosas que hicimos estuvieron bien porque perseguíamos un objetivo común. Esos equipos creativos fueron uno de los aspectos más destacables de mi educación.

Me casé poco después de acabar la universidad. Caroline y yo teníamos veintitrés años y nos habíamos conocido dieciséis meses antes. No lo pensamos demasiado. Simplemente lo hicimos. Más de treinta maravillosos años después, este equipo de dos ha criado seis hijos, ha creado un festival, ha abierto tiendas, cafeterías y casas de vacaciones, ha llevado un pub, es coautor de un libro, ha renovado varias casas abandonadas, ha intentado (y a menudo ha fracasado en) adiestrar innumerables perros, y mucho más. No siempre ha sido fácil, ni mucho menos. No siempre ha sido divertido, aunque muchas veces sí, pero nos ha enseñado a trabajar juntos y el poder que tienen incluso los equipos más pequeños.

Si quieres conseguir hacer cosas, un buen equipo no es un lujo, es una necesidad.

Mi primera carrera profesional fue en la industria de la música. Tenía un sello musical propio y era el mánager de un grupo pop de éxito moderado. Gran parte de ese tiempo lo pasé viviendo en una burbuja. Contraté a unas cuantas personas, pero, en realidad, no me comprometí con ellas, al menos no emocionalmente.

En aquel momento pensaba que tenía que proteger a todos de cualquier preocupación o inquietud relacionada con el negocio, poner cara de valiente y resolver los problemas por mí mismo. Simplemente le daba vueltas al asunto hasta que se me ocurría una solución.

Al cabo de unos años, todo se desmoronó. Trabajaba de manera brutal, viajaba mucho, estaba estresado y exhausto, y el negocio tenía importantes problemas de dinero. Como no podía ser de otra manera, también estaba fallando como padre y pareja. Todo esto me acabó sobrepasando y el negocio comenzó a colapsar.

Lo que aprendí de todo esto fue que debería haber tenido un socio, o un mentor al menos, desde el principio. Mi abogado era encantador y muy accesible, pero yo no compartía ningún problema con él. Retrospectivamente, sé que hubiera sido un excelente mentor o asesor comercial y estoy casi seguro de que hubiera disfrutado como tal, si tan solo se lo hubiera pedido. Pero hay una cosa aún más importante y es que acabé dándome cuenta de que tenía un gran equipo trabajando para mí, pero que yo no trabajaba con ellos.

En los años siguientes, mientras me dedicaba a otros negocios, comencé a cambiar mi comportamiento. Me volví más abierto y honesto. Llamé a otras personas para que me ayudaran de verdad con los problemas y la estrategia. Pieza a pieza, armamos un buen equipo y, a partir de ahí, las cosas empezaron a funcionar mucho mejor. Hoy incluso me atrevería a decir que estamos prosperando.

Primeros pasos

Contratar a gente es un paso importante. Tener personal en nómina es uno de los principales gastos estructurales, así que no hay que precipitarse. Pero hay muchas maneras de formar un equipo desde el principio sin tener que sufrir el estrés añadido de pagar sueldos mensuales en las primeras fases de un negocio, cuando el flujo de caja puede ser impredecible. Hay quien opta por trabajar con un socio empresarial, compartiendo inversiones y capital. Dos personas inteligentes, comprometidas y trabajadoras a menudo tienen más probabilidades de éxito con un nuevo negocio que una.

Si no tienes a nadie que te encaje como socio o si, por el momento, prefieres hacer las cosas solo, plantéate tener un mentor o alguna otra forma de tener un asesor de negocios. La gente con experiencia suele estar encantada de ayudar. Hoy en día ayudo a mucha gente, aunque solo sea hablando por teléfono para comentar una idea. Por lo general explico que lo que puedo ofrecer no es una panacea, pero sí puedo, quizá, aportar algo útil.

La mejor manera de encontrar un mentor es preguntar. Averigua si tus padres, amigos o padres de amigos conocen a alguien que trabaje en un sector parecido o, simplemente, si atesoran experiencia laboral acumulada. Ponte en contacto con ellos. No seas tímido. Envíales un correo electrónico presentándote y explicando lo que estás haciendo y que agradecerías cualquier ayuda o información que pudieran ofrecerte. No todos podrán o estarán dispuestos a ayudarte, claro, pero te sorprenderá saber cuánta gente está más que dispuesta a hacerlo. Si al principio no lo consigues, sigue probando con otras personas.

Cuando encuentres a alguien, escúchalo y no le exijas demasiado. Prepárate bien las sesiones y saca el máximo que puedas de ellas. Así es como yo ayudo a varias personas y creo que lo encuentran útil, pero además —y esto es importante recordarlo— yo también lo encuentro agradable, gratificante y educativo. De esta manera, como en muchas de las cosas buenas de la vida, todos salimos ganando.

Y no olvides que seguramente ya hay personas a tu alrededor que podrías considerar un equipo en fase inicial. Personas que trabajan en el sector en general, como fabricantes, abogados, contables, incluso esos simpáticos funcionarios de Hacienda. Hazles preguntas. Comparte tus preocupaciones. No hagas ver que todo va sobre ruedas cuando quizá no es así o hay cosas que no entiendes. Si los tratas con respeto, generosidad y honestidad, ellos te pagarán con la misma moneda.

Un día necesitarás contratar a alguien

Si el trabajo con tu equipo (no oficial) de mentores y asesores ha sido eficiente, entonces, un día, cuando ya estés en funcionamiento y tengas algo de dinero en el banco, así como más trabajo del que puedas asumir, necesitarás contratar a alguien. Aquí es cuando la cosa se pone interesante y tienes que ponerte a pensar, de verdad, cómo montar un auténtico equipo y obtener lo mejor de los demás.

EMPLEADO NÚMERO 1

Tu cultura atraerá a tu gente. Nike comenzó siendo una empresa de *running*. La fundó un corredor y entrenador de atletismo. Su primer empleado fue Jeff Johnson. También era corredor. Esa era su cultura. Querían cambiar el *running*.

Johnson creó los primeros folletos de productos, anuncios impresos y materiales de marketing, e incluso hizo las fotografías para los catálogos de la empresa. Puso en marcha un sistema de pedidos por correo y abrió la primera tienda. También diseñó varios de los primeros modelos de zapatillas Nike, e incluso se sacó de la manga el nombre de Nike en 1971.

Más aún, escribió cartas a los atletas para ver cómo les iba con los entrenamientos. Cuando llegaron los Juegos Olímpicos y estos atletas tuvieron que elegir entre usar Adidas o Nike, se decantaron por el que se había interesado por sus carreras. Esas cartas cambiaron la historia de Nike.

¿Quién será tu primer empleado?

CONTRATA DESPACIO

Haz que la entrevista sea más larga. Una hora no es suficiente. Conocerás mejor a las personas si les planteas un proyecto real. Establece un plazo de entrega corto. Observa cómo les va. Te revelará mucho más que una entrevista.*

Sácalos de la oficina. Sal a correr con ellos. Tomad una cerveza juntos. Míralos como personas. ¿De verdad contratarías a alguien con quien no pudieras pasar un rato?

Recuerda, contratar a la persona equivocada te costará mucho tiempo de gestión. Gran parte de tu estrés se derivará de tener que lidiar con una contratación incorrecta. Así pues, ¿puedes permitirte dedicar más tiempo al proceso de contratación? Yo creo que sí.

* Los introvertidos no lo hacen bien en las entrevistas, pero pueden tener las mejores ideas.

DESPIDE RÁPIDO

No todos los fichajes funcionan. Y ambas partes se dan cuenta de ello rápidamente. En tres meses sabes que, bueno, no va a terminar bien. Y, aun así, las empresas no hacen nada. La persona no está contenta. El equipo no está contento.* Y eso puede durar años. Incluso décadas.

Te debes al equipo, a la cultura y, en última instancia, al propósito de la empresa. Por eso tienes que ser rápido en lidiar con lo difícil.

Esa persona sería más feliz en otro trabajo. El equipo sería más feliz con otra persona. Y la vida es demasiado corta para estar triste. La gente comete el error de ser amable y no enfrentar el problema. Esto solo hace que la persona esté más infeliz durante más tiempo. Puede parecer contraintuitivo, pero actuar rápido es un gesto de bondad.

* Los jugadores A prefieren rodearse de jugadores A.

EMPLEA ANTES A LAS GANAS QUE AL TALENTO

En un mundo ideal tendrías ambas cosas en una sola persona. Desgraciadamente, no siempre es posible. Por eso, en tu lugar, yo elegiría las Ganas.

El Hambre siempre tiene ganas de aprender. Siempre trata de mejorar. El Hambre siempre está haciendo horas extra. El Hambre nunca tiene pereza.

Con el tiempo, el Hambre trabaja tan duro en lo suyo que su Talento comienza a despuntar incluso por encima del de alguien con un don natural para ello. Generalmente el Hambre no está segura de tener Talento. Por eso sigue trabajando en ello. Nunca pierde el Hambre. Así que sigue practicando. Malcolm Gladwell cree que «el Talento es el deseo de practicar». Estoy seguro de que tiene razón.

De hecho, el Talento proviene del Hambre de mejorar. El Hambre por algo no se puede dar. No se entrena ni se inspira. O lo tienen en el vientre o no lo tienen. O lo llevan consigo al cruzar la puerta o no.

Texto de *Propósito*, de David Hieatt

El auténtico liderazgo

Hoy en día se habla de un vacío de liderazgo. Y es verdad: en la actualidad existen pocos auténticos líderes en los que fijarnos, y aquellos en los que nos fijamos tienen el listón muy bajo.

En cualquiera de los ámbitos en los que cabría encontrar líderes inspiradores (política, negocios, entretenimiento, representantes de la ley) encontramos, en su lugar, escándalo tras escándalo, cada uno de los cuales merma la confianza implícita y el respeto por nuestros líderes.

Pero ¿hay menos líderes auténticos? ¿O, como creo yo, se ha distorsionado durante el último medio siglo el concepto de liderazgo en su conjunto, y esto altera nuestra perspectiva y evita que percibamos los verdaderos actos de liderazgo?

Cuando reflexionamos sobre la idea de liderazgo, lo vemos como el acto de una élite, alejado de la vida cotidiana y llevado a cabo por personas que son, de alguna manera, especiales. Creemos que el liderazgo es «otra» cosa, algo que hacen personas que no somos ni tú ni yo.

Y, claramente, en cuanto «externalizamos» la idea de liderazgo, colocándola en manos de esos «otros», suceden dos cosas: primero, comenzamos a perder la confianza en los «otros»; y, en segundo lugar, esto nos exime de sus fracasos.

Si el liderazgo lo asumen otras personas, entonces sus errores son también culpa suya y su problema, no el nuestro.

Ya se trate de un escándalo de gastos, espionaje obscenamente intrusivo, un fracaso en dirección corporativa o un claro fraude, podemos hacernos a un lado, lavarnos las manos en relación a las consecuencias y callar.

Se dice que cada generación tiene el liderazgo que se merece, y en la actualidad estamos cosechando las consecuencias de esa externalización del liderazgo: nuestros líderes nos están fallando y, como consecuencia, nuestras instituciones están fallando.

Pero esto no tiene por qué ser así. En mi propia carrera profesional, trabajando con instituciones, organizaciones y sus líderes durante tres décadas, he demostrado una y otra vez que se puede detener este declive y restaurar un liderazgo real y efectivo en casi cualquier entorno. Solo hace falta que nos demos cuenta de una cosa: el liderazgo no es un acto de la élite. Todos, cualquiera de nosotros, podemos liderar en cualquier momento. Y, de hecho, muchos más deberíamos hacerlo.

¿Qué es el liderazgo?

Comencemos con el verdadero secreto del liderazgo: se da todo el tiempo, casi en cualquier lugar y, francamente, no es tan difícil.

¿Decepcionado? Quizá esperabas algo un poco más..., bueno, ¿retador? No es de extrañar, porque durante los últimos, ¡vaya!, tres milenios —desde que un *Homo erectus* desconocido hizo el primer Banksy en la pared de una cueva, de hecho—, hemos estado bastante embobados como sociedad con la idea del liderazgo heroico. Ya sabes, el neandertal que mata al *Smilodon*, Odiseo, Napoleón, el niño holandés que tapa el dique con el dedo, el capitán Sully, Bobby Moore..., todas esas buenas historias.

Lo cual está bien. Son lecturas entretenidas y una fuente inagotable de citas edificantes (estupendas para pósteres motivacionales y para los espacios en blanco de esa diapositiva de PowerPoint sobre cómo formar equipos).

El problema es que nos hemos acostumbrado tanto a que los periodistas (o historiadores) sedientos de historias definan el liderazgo como algo heroico, que hemos perdido la capacidad de identificar el verdadero liderazgo como lo que realmente es: una actividad casi siempre desprovista de gloria, que no copa titulares y que tiene lugar cada minuto de cada día en diferentes e innumerables (aunque prosaicas) formas.

Como esa persona que mira los deportes todo el día desde el sofá, que se ha vuelto tan adicta a los destacados de YouTube, las repeticiones instantáneas y los resúmenes enlatados después del juego que ya no puede soportar la monotonía de un partido completo, sin editar y en bruto. Nos hemos acostumbrado a la versión de liderazgo estilo Hollywood de los medios hasta tal punto que hemos perdido nuestra capacidad para reconocer el auténtico liderazgo a nuestro alrededor, el de cada día, el de la vida real. Y cuando esto sucede, las cosas comienzan a cambiar.

No me malinterpretes. No tengo nada en contra del liderazgo heroico. De hecho, mi trabajo (como *coach* de altos ejecutivos) me sitúa en una posición privilegiada y lo veo más que la mayoría de la gente. Soy un fanático de los actos de liderazgo heroico, y ver a la gente hacer cosas increíbles en momentos de estrés o salir del paso o ayudar a otros a hacerlo en situaciones difíciles siempre me convierte en un mar de lágrimas.

Pero eso no significa que el de «héroe como líder» deba ser nuestro único patrón de liderazgo, ni siquiera el principal. El liderazgo del mundo real es muy muy diferente de todo lo que los medios nos quieren hacer creer. El liderazgo en el mundo real generalmente se subestima, a menudo hasta el punto de pasar desapercibido para la mayoría de las personas. El liderazgo del mundo real suele ser prosaico, mundano, poco espectacular.

He aquí mi opinión, una que he ido puliendo a lo largo 35 años de trabajo con líderes (heroicos y de otro tipo), y del ocasional acto de liderazgo propio:

El liderazgo es ayudar a cualquier grupo de dos o más personas a lograr sus objetivos comunes.

No es que sea muy sofisticado, lo admito, pero es una definición sólida que me ha servido a mí y a las personas y organizaciones con las que he trabajado a lo largo de los años. Significa que cualquiera puede ejercer el liderazgo en cualquier momento. Tanto en entornos formales como informales. Y significa que tú puedes liderar. Sí, tú.

LA CONFIANZA GENERA MAGIA

Tina Roth Eisenberg (conocida como @swissmiss) impartió una charla en Do USA. Habló largo y tendido sobre cómo creó sus increíbles empresas, el equipo y la importancia de pasárselo bien. Una de las diapositivas que mostró decía: **La confianza genera magia.**

Sí, como Tina, creo en los equipos. Creo que cuando un equipo se une, hay muy poco que no pueda hacer. Pero algunos equipos terminan peleando como locos y, posteriormente, siguen el camino del dinosaurio. Es algo que me fascina. ¿Por qué unos equipos se unen y otros se desmoronan?

Lo sé, para levantar un negocio, primero tengo que crear un equipo. Es una de las principales habilidades que un emprendedor tiene que adquirir.

Construir un equipo no es difícil. He aprendido que hay dos cosas que motivan a un equipo. En primer lugar, les gusta cohesionarse en torno a la idea fundacional de la empresa. Cuanto más vaya a cambiar las cosas esa idea, más gente se cohesionará en torno a ella. El propósito es importante.

El segundo factor que cohesiona a los equipos es un líder en el que se pueda confiar. La confianza es un multiplicador de energía. Para que el equipo confíe en el líder, este también ha de confiar en el equipo. La confianza tiene que ser recíproca.

Pero la mayoría de las empresas no están configuradas para confiar en su gente. De hecho, están configuradas para lo contrario. Y, sin embargo, la confianza es gratuita. Genera lealtad, pasión y nos ayuda a unirnos. La magia de la confianza es que ayuda a un equipo a convertirse en equipo.

EQUIPO

Hablemos de confianza

Estás empezando a montar un equipo. De ahora en adelante sois *vosotros*, no tú. En el corazón de ese equipo subyace la confianza. Necesitas confiar en ellos, y ellos necesitan confiar en ti. ¿Por qué? Bueno, una de las razones es que, si quieres crear una gran empresa, tendrás que empezar a delegar. Y para eso tienes que confiar en que aquellos en quienes delegas harán su trabajo. Además, si vas a liderar personas, ellas tienen que querer que las lideres. Así que tienes que ganarte su confianza. Es bastante simple. Tienes que ser digno de su confianza.

Es fascinante la cantidad de padres que creen que pueden decirles a sus hijos una cosa y hacer la contraria. Es ingenuo pensar que tu hijo no se va a enterar si le dices que no diga palabrotas y luego tú juras como un carretero. Lo mismo aplica a la confianza en el trabajo. No esperes que otros cumplan con sus compromisos laborales si tú no lo haces. La vida, simplemente, no funciona así.

Así que cumple con lo que dices. Sé puntual. Apoya a tu equipo cuando tenga dificultades. Nunca digas: «Solo estoy siendo honesto», cuando, en realidad, solo estás siendo grosero. Tienes que ir en serio: no puedes decir una cosa y hacer otra porque la gente no es tonta. Compórtate de una manera digna de confianza y esa confianza crecerá y se desarrollará. Por lo tanto, predica con el ejemplo porque se puede confiar en ti.

Aprende a delegar

Una vez que se ha establecido la confianza, puedes comenzar a delegar. En caso contrario, trabaja un poco más la confianza. Delegar se suele considerar una debilidad. Decir que alguien «es muy bueno delegando» rara vez está desprovisto de cinismo.

Pero los mejores líderes son los que mejor delegan y, para desarrollar tu equipo, tendrás que aprender a hacerlo. Se trata de confianza y empoderamiento. Si confías en tu equipo, déjalo volar. Asígnale tareas que normalmente harías tú. Que aprendan con la práctica. Y da un paso atrás.

Bien, decirlo es más fácil que hacerlo. Lo primero que tienes que recordar es que, en este punto, es primordial que las instrucciones estén claras. Tómate el tiempo necesario para explicar lo que quieres y hazlo en detalle. No des por sentado que las personas entienden lo que está en tu cabeza hasta que se lo digas.

Libera a tu equipo

Para algunas cosas puedo ser un fanático del control; sospecho que muchos empresarios están hechos de la misma pasta. Tengo puntos de vista claros y apasionados sobre cómo se deben hacer las cosas para que nuestros negocios prosperen. Esto es bueno; es necesario. Pero para ser verdaderamente eficiente, necesito dejar que las cosas fluyan y empoderar a las personas que me rodean para que se las arreglen solas. Y para lograr esto, necesito mostrar a la gente cómo se deberían hacer las cosas y luego dejar que vuelen.

Suponiendo que se ha creado un clima de confianza mutua con ciertas personas, lo más conveniente es decirles lo que quieres (recuerda: instrucciones claras y sencillas) y dejar que se pongan manos a la obra. Deja que aprendan mientras trabajan, no los microgestiones ni interfieras. Algunas veces lo harán terriblemente mal, otras harán un trabajo tan bueno como tú, y otras, incluso mejor.

Si sucede lo primero, corrígelos con tacto pero con firmeza. Sé claro y preciso, y no los des por perdidos. Tienes que decir lo que está bien y explicar lo que está mal. Hazlo de inmediato. No te resistas a ello: elogia y critica con la misma franqueza y amabilidad que te gustaría que utilizaran contigo.

Así pues, corrige los errores, pero evita amonestar a las personas que no abordan las cosas exactamente como lo haces tú. Una de las magníficas ventajas de delegar es que surgen nuevas ideas y enfoques, y que estos pueden ser increíblemente esclarecedores. El hecho de que tú hayas hecho algo de determinada manera no significa que esa sea la única forma de hacerlo ni la mejor. Esto puede que hiera un poco tu ego, pero estoy seguro de que puedes soportarlo.

Con tu aprobación y un poco de tiempo, las personas de tu equipo se volverán tan buenas como tú en tareas concretas, y luego mejorarán. ¿Y sabes qué? Si alguien más puede hacer esas otras cosas, tú podrás concentrarte en lo que se te da mejor. Aquí es cuando un equipo realmente empieza a mostrar sus puntos fuertes.

EQUIPO

Liderazgo amable

Se necesita fuerza para ser amable y bondadoso.

— The Smiths, *I know it's over*

Por muy democrática que sea tu empresa u organización, tiene que haber alguien a cargo. Aunque no se fomente la jerarquía, de todos modos es probable que surja un líder. Este capítulo muestra que el liderazgo más efectivo se basa en la empatía y la amabilidad. Ser gritón y mandón nunca ha sacado lo mejor de nadie. Los mejores líderes forman parte del núcleo de los equipos. Se involucran, hacen preguntas, escuchan y comparten tiempo. Son parte del equipo. Y a partir de ahí, empiezan a suceder cosas buenas.

Hablar es bueno

Muchos empresarios piensan que no tienen tiempo para conversar con su equipo. Están demasiado ocupados y se sienten demasiado importantes. Pero se equivocan. Un equipo es una comunidad activa, y mostrar interés en esa comunidad es fundamental para que pueda funcionar. En resumen, para obtener lo mejor de un equipo, hay que conocer bastante a sus miembros.

La gente es, en esencia, interesante. Así que a veces basta con intentar charlar un rato. No hables de ti mismo; pregúntales a los demás sobre ellos mismos. Hay personas que lo hacen de forma natural, que lo único que buscan es saber algo más de quienes les rodean. Para otros no es tan fácil pero, con el tiempo, puede llegar a resultar más natural.

De hecho, preguntar a las personas sobre sus vidas y escuchar sus respuestas es gratificante. Pero no olvides escuchar de verdad: no se trata de gestos vacíos. Así que, ¡concéntrate! Además, ¿sabes qué? Es fácil, porque casi todo el mundo es interesante. Solo necesitas una actitud receptiva y ser generoso con tus preguntas, así como darte tiempo para escuchar y responder.

Puede que pienses que no tienes mucho en común con alguien, pero solo necesitas rascar la superficie. Si descubres en tu equipo una persona que tiene un pasatiempo inusual, como mirar trenes, por ejemplo, pregúntale cuántos cuadernos ha llenado con datos, cuál es su motivación, cuántas personas comparten su interés. Anima la conversación. Si perciben que tu interés es genuino, compartirán su pasión contigo y te contarán cosas interesantes. Puedes retomar esa conversación después y entre vosotros se desarrollará algo bueno, y os caeréis bien, y así se crea tu equipo.

Tener empatía

Todo el mundo es hijo, hija, novia, novio, marido, esposa, mejor amigo o amiga, nieto o nieta de alguien. No lo olvides. Todos tenemos sentimientos. Todos somos humanos y tenemos nuestra propia red de seres queridos y amigos fuera de la oficina. Estas cosas son igual de importantes en el trabajo como en cualquier otro lugar. Así que ponte en el lugar de los otros de vez en cuando.

Y recuerda que no eres más importante que nadie. Puedes ser el fundador, el jefe o lo que sea, pero todos somos iguales. Todos somos especiales.

Para ser un gran líder necesitas saber que esto es verdad.

Predicar con el ejemplo

Tira de, no empujes. Una de las mejores maneras de ayudar a los que te rodean a progresar, evolucionar y prosperar en formas que beneficien a la empresa es guiarlos con el ejemplo, con entusiasmo y energía, en lugar de presionarlos.

El liderazgo positivo no consiste en latigazos. Se trata de estimular e incentivar y de ser un buen modelo a seguir.

Habrá momentos en los que tendrás que imponer la ley, pero la mayoría de las veces basta con guiar a las personas con el ejemplo, así que fíjate bien en ti mismo, en tu estado de ánimo y tus acciones.

El poder del elogio

¿No es curioso cómo elogiamos a los niños y no así a los adultos? De hecho, a veces parece que estamos alabando constantemente a los más pequeños. Pero rara vez le decimos a un colega: «Eso que has hecho está muy bien» o «Lo has hecho mucho mejor de lo que lo hubiera hecho yo».

La alabanza es oxígeno, y no solo para los niños. En algún lugar leí que la gente prefiere recibir elogios de su jefe con regularidad a un aumento de sueldo. Quién sabe. En cualquier caso, no se trata solo de decir «te veo y te escucho», sino «no solo te veo y te escucho, sino que creo que lo estás haciendo muy bien».

Según algunas teorías, los elogios estimulan los mismos centros de recompensa del cerebro (el cuerpo estriado ventral y la corteza prefrontal ventral) que se activan durante las relaciones sexuales. No tengo idea de si esto es cierto o no, pero me gusta, así que lo compro. No hay que convertir la oficina en una agitada masa de positividad orgásmica para repartir elogios con más frecuencia, hazlo solo cuando lo sientas de verdad. Los elogios, si son adecuados y genuinos, te ayudarán a construir relaciones sólidas y basadas en la confianza con tus colegas. Así que no finjas.

Sé decidido

Si eres el líder de un equipo (y recuerda, es igual si es grande o pequeño), tienes que tomar decisiones, y a menudo sobre la marcha. No tengas miedo; alguien tiene que hacerlo. Los equipos no pueden funcionar de manera totalmente democrática. Así que escucha las opiniones de los demás, evalúa las cosas, luego toma una decisión y comunica a todos hacia dónde les llevará este nuevo viaje. ¡Decisión tomada! Hecho.

No tengas miedo. Seguramente no se trata de absolutos; no hay decisión correcta ni incorrecta. Lo que cuenta es lo que haces una vez que has tomado la decisión. A veces no necesitas consejo, o *más consejos*, solo necesitas una decisión. Entonces, toma una, arriésgate, sigue adelante.

Los grandes equipos necesitan grandes líderes y, en ocasiones, los líderes necesitan tomar decisiones difíciles y decirle a la gente lo que se espera de ellos. Esto es liderar al frente y es lo que tu equipo espera de ti. Sigue tu instinto, incluso si la gente no está de acuerdo contigo. En ocasiones tendrás que ser directo, fuerte y expresivo, sin dejar de ser educado y considerado. Mi consejo es que tomes una decisión y la mantengas. Esto posibilita que las cosas se hagan. Independientemente de cuán amable e inclusivo sea tu estilo habitual, ser más asertivo de vez en cuando te irá bien. La gente quiere admirar, y lo que es más importante, respetar a un líder de equipo. Recuerda, no puedes complacer siempre a todo el mundo.

Yo tardé mucho en entender esto. Me gusta complacer; quiero que la gente me guste y gustarles a ellos. No es que sea algo malo; ser sensible es bueno. Pero también puede ser agotador, además de inútil. Hoy en día me rijo por decisiones basadas en lo que creo que es el bien de la empresa en su conjunto. Por lo tanto, no les des vueltas a las cosas, no postergues, no te disculpes: toma una decisión y comunícala bien.

Sé coherente

La coherencia en el comportamiento es fundamental para un gran liderazgo. Los líderes deben comportarse como adultos, lo que entiendo por adultos equilibrados y tranquilos. Si comprendes el valor del comportamiento coherente tienes la mitad de la batalla ganada. Si puedes ser coherente en tu forma de comunicar, en cómo eres, prosperar será mucho más fácil para aquellos que trabajan contigo, porque, intuitivamente, comenzarán a entender cómo se hacen las cosas. Lo que me lleva a los estados de ánimo...

Contrólate

El liderazgo efectivo consiste en predicar con el ejemplo, así que asegúrate de no trasladar nunca estados de ánimo negativos al trabajo. Claro, a veces te sentirás fatal y tendrás días malos. Nos pasa a todos. Pero como líder de un equipo (aunque sea un equipo de dos), no puedes dejar que tu estado de ánimo se desborde en el trabajo. Si lo haces —como hacen muchos jefes—, estás legitimando el mal humor en el trabajo.

Por lo tanto, identifica tus estados de ánimo. Muérdete la lengua. Lo primero es la conciencia de uno mismo. Lo segundo, el autocontrol.

El valor de la advertencia amable y veraz

No evites el conflicto. Recuerda, si algo está mal, tienes que decirlo. Si no aprendes a advertir o reprender a alguien de manera efectiva, nunca podrás montar un buen equipo. Habrá errores y, si no te ocupas de ellos, es probable que se repitan. Una opción es que tú vuelvas a hacer las cosas. Pero es mucho mejor hablar con la persona o el equipo en su conjunto para que mejoren.

— **Recuerda que decirle a alguien que está equivocado no siempre significa tener la razón.** Lo que intentas es que tu colega vea el asunto de la misma manera que tú. Esto es necesario para que tu negocio funcione de manera eficiente y avance.

— **Mantén la calma.** Respira, tómate un tiempo, reflexiona. Recuerda que eres un muy buen líder. La calma es poder.

— **Cuando corrijas a alguien, hazlo con claridad, precisión y detalle.** No seas petulante ni moralista. Explica de forma concisa por qué crees que lo que han hecho está mal y cómo pueden corregirlo.

— **Aporta algo de equilibrio a la conversación.** Puedes atemperar la advertencia con elogios y aliento, pero no dejes que el equilibrio se desplace hacia lo positivo solo para evitar herir los sentimientos de alguien. Sé honesto y directo. Se lo debes a las personas de tu equipo, para ayudarlas a crecer y evolucionar. Sé un buen maestro.

Cambiar de opinión no es una debilidad

De hecho, es una fortaleza. Se trata de tener la mente abierta. Si eres lo suficientemente valiente como para cambiar de opinión, vas camino de convertirte en un líder de equipo. ¡Buen trabajo!

Tantos políticos han sido vilipendiados por los periodistas por cambiar de opinión que ahora esto se conoce como «dar un giro de 180 grados» y está muy mal visto. Pero no es nada malo.

Por lo tanto, permítete cambiar de opinión en caso de que ese sea el mejor curso de acción, y dale a tu equipo la libertad para hacer lo mismo. Se trata de una función natural, la de aprender y volverse más sabio. Y es mejor cancelar ahora un plan con el que no te sientes bien, que alargarlo en el tiempo.

Supérate a ti mismo

Tanto en el trabajo como en casa, nunca te permitas aislarte. Admite tus debilidades, reconoce tus olvidos, las cosas que no puedes gestionar. Permite que tu equipo te conozca tan bien como sea posible. Eres humano, y ellos también, y esto ayudará a construir la unidad.

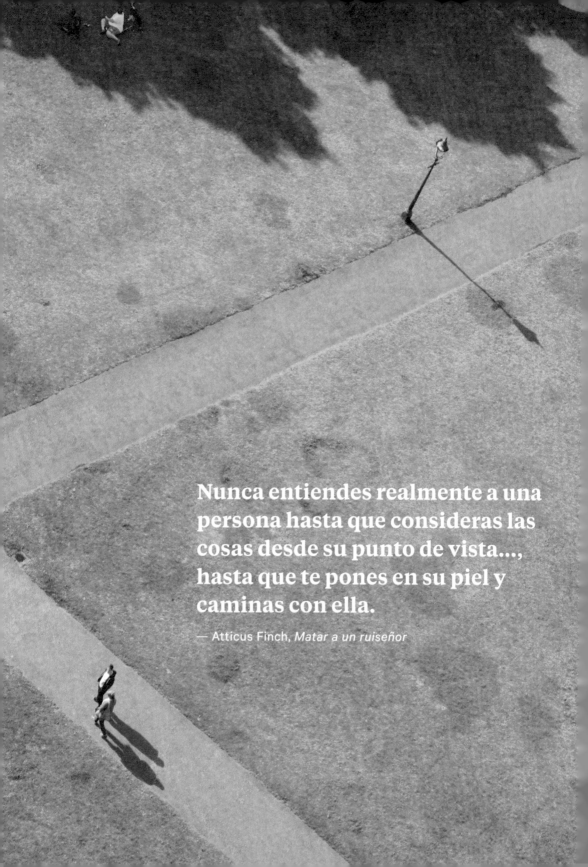

Nunca entiendes realmente a una persona hasta que consideras las cosas desde su punto de vista..., hasta que te pones en su piel y caminas con ella.

— Atticus Finch, *Matar a un ruiseñor*

El arte perdido de escuchar

Cuando la gente habla, escucha de forma completa.

— Ernest Hemingway

¿Por qué nos sentimos sorprendidos, incluso agradecidos, cuando alguien nos escucha de verdad, cuando alguien se acerca y nos brinda su tiempo y atención? ¿Cómo ha podido convertirse este acto básico y el más primitivo de los sentidos en algo tan escaso en el mundo? ¿Ha marcado la «retransmisión» unidireccional de las redes sociales el fin de la conversación y la escucha?

Un canal nacional de noticias de EE. UU. realizó hace poco un experimento con un pequeño grupo de adolescentes de entre catorce y dieciséis años. La historia de la reportera hablaba de los últimos estudios científicos que sugieren que los teléfonos móviles fomentan comportamientos adictivos, TDAH, depresión, FOMO (miedo a perderse algo), etcétera. El experimento consistía en ver qué pasaba si les quitaban los teléfonos móviles y los ordenadores portátiles a los adolescentes. Abstinencia durante toda una semana.

Yo esperaba que los adolescentes expresaran un gran resentimiento, mucha ansiedad y frustración por haber sido desconectados. Y, por supuesto, algunos de ellos lo hicieron. Pero también sabían que este experimento tenía una fecha de finalización. Cuando, al acabar la semana, se les preguntó cómo se sentían, todos los estudiantes respondieron, para sorpresa de la reportera y mía, con lo que yo llamo un «curioso milagro». Estaban ligeramente asombrados de lo mucho que habían disfrutado hablando con sus familias durante la cena. Encontraron tiempo para conversar con sus amigos. Hicieron los deberes, las cosas de casa, lo cual dejó a sus padres maravillados. Se dice que el teléfono móvil ha acabado con las conversaciones triviales y con esa tranquila capacidad de, simplemente, pasar el rato y aprender a gestionar el aburrimiento. Cuando preguntaron a los adolescentes qué conclusión se llevaban de esa semana de ayuno de redes sociales, una adolescente de quince años dijo: «Realmente quiero dejar de usar mi teléfono y aprender a, simplemente, *estar* con mis amigos». Cara a cara. No cada uno con su móvil y un grupo de rostros planos en una pantalla. Albergaba una auténtica y curiosa esperanza.

Es interesante darse cuenta de que, cuando estábamos en el vientre de nuestra madre, nuestros ojos estaban cerrados pero nuestros oídos ya funcionaban. Escuchábamos los latidos de su corazón, el murmullo del líquido amniótico, los ruidos fuertes del mundo exterior. Ese era nuestro mundo. Es por eso que nuestra audición está conectada con nuestras emociones y recuerdos primarios. No es hasta que nacemos que abrimos los ojos, enfocamos y asimilamos todas las diferencias de luz y tono de ese nuevo mundo. Dado que nuestros ojos se encuentran en la parte frontal de nuestra cara, nuestro principal punto de referencia a partir de ese momento es visual: nuestra perspectiva se basa, generalmente, en lo que ven nuestros ojos. La escucha se retira a la periferia, una sombra danzante en lo que se refiere a nuestra percepción. Pero continúa siendo la luz ambiental de nuestras emociones, conectada a nuestros primeros sentimientos. Desde que se forman, nuestras orejas permanecen encendidas las veinticuatro horas del día, los siete días de la semana. El sentido del oído es el último en desaparecer cuando morimos. Por eso los griegos decían que nuestros oídos son los «guardianes de nuestro sueño». En plena noche, una madre es capaz de oír llorar a su bebé.

La ciencia médica ha descubierto que las diminutas fibras pilosas que recubren la cóclea en nuestro canal auditivo se contraen y expanden de manera similar al iris de nuestros ojos. Lo hacen en respuesta a las ondas sonoras. Nuestros oídos nos alertan y nos protegen lo mejor que pueden pero, desde la era industrial, se encuentran en un estado de ataque constante. Hoy en día cerramos nuestros oídos a todas esas intrusiones sónicas ininterrumpidas que se solapan. Somos selectivos: elegimos bloquear el mundo natural con nuestros auriculares, con el poder de elegir lo que queremos escuchar. Pero, al hacerlo, ya no sentimos lo que nos llama. Hemos perdido la capacidad de escuchar. Hemos olvidado —si es que alguna vez lo conocimos— el poder del silencio. No podemos recordar cómo hablan las aves y los animales, ni por qué necesitamos saber lo que están diciendo.

Escuchar es un regalo, uno que nos hacemos a nosotros mismos y también a los demás. Cuando escuchas, siempre obtienes mucho más de lo que das. En pocas palabras, acabas sabiendo más. Sé muy bien cómo es vivir en la presencia carente de oxígeno de alguien que adora el sonido de su propia voz, y apuesto a que muchos de nosotros hemos estado obligados a escuchar a alguien solo por el poder que tiene sobre nosotros, sea un miembro de la familia, un jefe o cualquier superior. Te vuelves insensible por la exposición repetida.

Pero escuchar no tiene por qué ser aburrido. Plantéatelo como elegir estar en sintonía con los demás. Se ha dicho que el problema con el panorama actual de las redes sociales es que cada uno de nosotros vivimos en nuestros propios compartimentos estancos, en esos «filtros burbuja» que seleccionamos nosotros mismos. Solo queremos escuchar a los que son como nosotros. Pero si elegimos no escuchar lo que nos incomoda, ¿cómo creceremos? ¿Cómo puede existir una democracia sin debate, negociación y compromiso? Aunque parezca que nuestro actual proceso democrático esté roto y no se pueda reparar, en sus ideales sigue residiendo mucho valor.

Escuchar lleva tiempo. Hay que hacer una pausa, tomarse un momento y ofrecerse a otra persona, con atención completa. En verdad, a veces resulta pesado. Puede que su problema te resulte molesto. Tal vez están confundidos o sufren dolor emocional. Pero habrá momentos en los que escuchar será lo más importante que hagas en tu vida.

El mundo oculto se revela cuando escuchamos

Ejercicio: un práctica de escucha de 5 minutos

Alguien dijo una vez que nunca debemos subestimar una conversación de cinco minutos con un chico de dieciséis años. ¿Puedes encontrar cinco minutos para alguien? ¿Quizá alguien a quien sabes que deberías escuchar más, o alguien que, simplemente, necesita tu tiempo y atención, aunque sean solo unos minutos? Solo tienes que escuchar a esa otra persona sin juzgar, sin reaccionar con tus ojos, sin suspiros o reacciones audibles.

Observa qué sucede...

El mejor poema de Muhammad Ali

Una vez le preguntaron a Muhammad Ali cuál era su poema más corto. Él respondió con dos palabras: «Yo, nosotros».

Con estas dos breves palabras, Ali transmitía un conocimiento profundo sobre nuestra verdadera naturaleza humana. Como individuos, necesitamos ser nosotros mismos, pero solo podemos serlo cuando estamos conectados a un «nosotros» mayor. El yo necesita del nosotros para crear más de lo que es posible a nivel individual; y el nosotros necesita el yo —de todos ellos— en su máxima capacidad para crear significado colectivamente.

Con el «nosotros» creamos narrativa, cultura, contexto y significado: es el pegamento que nos une. Si despojamos a una comunidad o empresa de los medios para crear el nosotros, todos acabamos sufriendo.

Durante un tiempo nos olvidamos del nosotros, y nos obsesionamos demasiado con el yo, yo, yo.

Pero si buscas el dinamismo en tu negocio, en tu comunidad, yo leería el poema más corto de Ali —y quizá el mejor— una y otra y otra vez hasta que se convierta en un mantra.

La gente acoge
lo que crea

La gente acoge lo que crea con amor, con energía, con pasión. Están preparados para esforzarse al máximo. Su trabajo se convierte en una labor de amor, ya que, como personas, no trabajamos a cambio de una recompensa económica, sino a cambio de significado.

Así pues, ya sea liderando un equipo, ya sea dirigiendo un taller, asegúrate de que las personas son las verdaderas cocreadoras de su futuro, de que son escuchadas y se les presta atención. Esta energía y motivación es muy distinta a la de ladrar órdenes y decirle a la gente lo que tiene que hacer. Y es probable que descubras que así están menos estresados, se toman menos días libres y que el lugar de trabajo se transforma en un centro cultural de vitalidad y energía.

Cuando las personas son cocreadoras se convierten en parte de la narrativa que recorre una empresa. Se convierten en parte de su historia.

Tal como lo expresó el autor francés Saint-Exupéry, «si quieres construir un barco, no des órdenes y le digas a la gente exactamente qué hacer. Enséñales a anhelar el mar inmenso e infinito». El resto llegará solo.

Estoy totalmente a favor de ayudar a otros a anhelar ese mar vasto e infinito.

CAPÍTULO SIETE

CREATIVIDAD

Una respuesta creativa

La creatividad distingue a los humanos. Todo lo que creamos o hacemos depende de nuestra historia creativa. Desde las hachas de piedra hasta los supercolisionadores, la capacidad de crear por nosotros mismos es una de nuestras características definitorias.

De las hachas pasamos al fuego, las flechas, las ollas, la agricultura, la cocina, las recetas, la alta cocina, la nueva cocina, etcétera, hasta llegar al chef «celebridad». Por el camino creamos el lenguaje, el arte, la ciencia, la filosofía y las bolsas de basura con esas cintas que las hacen más fáciles de cerrar. Con nuestra creatividad hemos dado forma y moldeado en gran medida el mundo que nos rodea. La creatividad es una parte importante de lo que nos hace humanos.

Si la creatividad es nuestro pasado, también es nuestro presente. En nuestro día a día nos enfrentamos constantemente a amenazas y oportunidades que no podemos anticipar, que requieren (o propician) una respuesta creativa de todos nosotros.

También tenemos que encontrar la manera de arreglar los destrozos producidos por las «soluciones» industriales de ayer sin producir aún más desechos tóxicos, sin desperdiciar energía ni destruir los ecosistemas de los que dependemos para cultivar alimentos, reciclar agua o producir oxígeno. Pero hacer menos de lo que hacemos actualmente no será suficiente. Para lidiar con el cambio climático necesitamos ser creativos a una escala nunca vista antes. El problema es enorme, complejo y nuevo, por lo que no disponemos de las soluciones, sino que tenemos que crearlas.

En una charla TED en 2006 reproducida más de 72 millones de veces, sir Ken Robinson, entonces profesor emérito de educación en la Universidad de Warwick, argumentó que la creatividad es la nueva alfabetización. Es así de importante. En una economía global, impulsada por el rápido cambio tecnológico, la creatividad a todos los niveles es fundamental. Organizaciones de todo tipo, incluidos los gobiernos, las empresas y las ONG, necesitan nuevas formas de dar servicio a las personas a medida que las necesidades de estas cambian. Es posible que tengan que crear nuevos servicios o productos, ofrecer los antiguos de otra manera o reinventarse por completo.

Lo mismo es cierto para las personas, que necesitan ser creativas no solo para seguir siendo empleables sino para dar forma a sus vidas, que no seguirán los predecibles caminos profesionales de antes. La mayoría de los niños en la escuela de hoy realizarán trabajos que aún no se han inventado. Esto nunca había sucedido antes.

Además, los dilemas humanos más interesantes e importantes, como conciliar libertad y seguridad, quedan siempre sin «resolver». En lugar de conformarnos con respuestas individuales, tenemos que ser capaces de generar una serie de respuestas creativas conforme nos adaptamos, de nuevo, a las cambiantes circunstancias. El mundo no se detiene, y nosotros estamos siempre respondiendo a la vida en toda su complejidad.

La creatividad tampoco consiste únicamente en resolver problemas. Es importante para la calidad de nuestras vivencias diarias. Ser parte de un proceso creativo aporta alegría y deleite tanto a quienes participan como a quienes se benefician de él. Y no es terreno exclusivo de los artistas o ganadores del Premio Nobel. El psicólogo Mihaly Csikszentmihalyi, que ha dedicado su carrera al estudio de la felicidad y la creatividad, sostiene que «para tener una buena vida no basta con apartar lo malo». La felicidad, al parecer, es algo más que resolver problemas. Para ser felices, necesitamos encontrar maneras de expresar y desarrollar nuestra creatividad. Resulta que la creatividad es algo realmente importante.

Cocreación

Dada su importancia, es preocupante que el concepto popular de creatividad sea tan engañoso y esté tan generalizado. Si pedimos a una persona que nos explique cómo es alguien creativo, es probable que describa alguna versión del «inventor loco» o «el artista en su buhardilla». La imagen es la de un individuo solitario, de excepcional talento, inmerso en un tortuoso proceso de creación en el que la inspiración le llega en cegadores destellos.

Esta imagen presenta dos características sorprendentes. Primero, no se trata de una descripción muy precisa de cómo funciona la creatividad, ni en las artes ni en la ciencia (ni siquiera en los negocios). En segundo lugar, representa a las personas creativas como «otros». Están desconectadas y separadas.

Si esta es la imagen que tienes tú también, es poco probable que te consideres creativo. Esta imagen actúa como un inhibidor. Te impide ser o volverte todo lo creativo que puedes llegar a ser. Parafraseando a Henry Ford, si crees que no eres creativo, tienes razón. Tenemos que desterrar esta imagen.

Comencemos con el dolor. Efectivamente, ganarse la vida como artista puede ser difícil, pero eso no significa que el proceso creativo en sí sea necesariamente doloroso. Puede que haya que luchar, pero, en muchos sentidos, el juego es más importante para la creatividad que el dolor. Los improvisadores se divierten muchísimo mientras crean. Es una de las principales razones por las que lo hacen.

La idea de que naciste creativo (o no) tampoco ayuda. A menudo escucho a profesionales de la creatividad que promueven esta idea. Esto no tiene nada de sorprendente, pues los vuelve «especiales». Sin embargo, para aquellas personas que no se dedican profesionalmente a la creatividad establece una profecía autocumplida. Si la creatividad es un talento innato, tratar de desarrollarla es una tontería, razón por la cual, ¡sorpresa!, no lo haces.

Es más útil pensar como los antiguos griegos, que plantearon que a las personas las «visitaba» una musa. Durante siglos, la inspiración fue un toque divino. Llegaba y se iba. No era ni un talento ni una posesión, ni te pertenecía solo a ti. De hecho, esto es mucho más acertado que considerar la creatividad como un talento individual especial.

Las personas creativas rara vez trabajan de forma aislada. Siempre hay un entorno: un movimiento o una comunidad de algún tipo, donde las ideas se desencadenan, se intercambian, se abonan y se prueban. Puede suceder de manera informal, como en las cafeterías del Londres del siglo XVIII, o formal, como en el moderno proceso científico de revisión por pares, pero, de una forma u otra, existe una interacción entre las personas y sus ideas.

Esto resulta especialmente obvio con los improvisadores, cuyo proceso creativo es visiblemente colectivo. Pero incluso cuando alguien parece estar aislado, continúa interactuando con las ideas de otras personas a través de la lectura o la correspondencia. Es adecuado atribuir los actos de creación a individuos (y puede ser conveniente para los individuos en cuestión), pero casi siempre hay un elemento de colaboración. El individuo es siempre parte de un contexto, y las ideas surgen de la relación entre las personas que operan en ese contexto.

Empieza a hacer otra vez

Manos, dedos, huellas dactilares. Todos tenemos un canal propio y único a través del cual nos conectamos con el mundo físico.

Cuando camino bajo la bóveda de un bosque frondoso y exuberante y paso mi mano por la topografía de la corteza de los árboles, siento la más profunda conexión con la tierra. O cuando surfeo en el océano, envuelto en una energía maravillosamente dinámica, atravesando el agua fría, salada y arremolinada. Son dos espacios impresionantes de nuestro increíble planeta, conectados entre sí y conmigo a través de mis sentidos, a través de mis manos.

Como artesano, trabajar una pieza de madera en bruto mediante un proceso creativo de cambio físico me permite volver a conectarme con la tierra, con el océano y conmigo mismo. A través del acto de hacer, despertamos nuestras manos y mentes para reconectarnos con la belleza del mundo natural que nos rodea. Hacer nos permite bajar el ritmo, nos permite confiar más en nosotros mismos y puede conducirnos a un sentido más profundo de nuestro propósito.

Es una parte instintiva e intrínseca de todos nosotros con la que muchos hemos perdido el contacto. Solo necesitamos el apoyo, el aliento y la seguridad para empezar de nuevo.

Todo niño es un artista. El problema es cómo seguir siendo un artista cuando creces.

— Pablo Picasso

¿Cuándo pusiste tu firma con orgullo a algo hecho por ti por última vez? ¿Te tienes que remontar muy atrás? Ayer, la semana pasada, el año pasado... ¿Tal vez, incluso, hasta la escuela? Si piensas en tu infancia, ¿recuerdas el hacer y crear cosas? ¿Juntar piezas de Lego, meter los dedos en plastilina o en pintura y pasarlos por recortes de papel?

De niños, juego y creación parecen ir de la mano. A través del juego interactuamos con el mundo que nos rodea y tomamos conciencia de nuestra naturaleza propia y única. Los trazos que dibujamos con los dedos mojados en pintura, las formas que estrujamos y moldeamos con la plastilina, y las estructuras que construimos encajando bloques han cobrado existencia a través de nosotros y nuestras manos. A su pequeña manera, son una representación física de esa huella que dejamos en el mundo que nos rodea. Y, como niños, no tenemos problema en presentárselo al mundo: «¡Mamá! ¡Papá! ¡Mirad lo que he hecho!».

Esos primeros recuerdos casi siempre están conectados con la persona o las personas con las que compartimos la experiencia: un padre, un hermano, un maestro o un mejor amigo. Con estas personas exploramos nuestro impacto en el mundo, colaborando e interactuando para crear visiones compartidas. A la larga, su opinión es la que más nos influye en lo siguiente que haremos.

La razón por la que a todos nos cuesta seguir siendo artistas cuando crecemos es que aprendemos a temer el juicio de los demás. La necesidad de crear algo que sea perfecto para no ser juzgados negativamente se adueña de nosotros. Sobre todo en la escuela, cuando comenzamos a comparar nuestras creaciones con las de nuestros amigos, empezamos a creernos esa historia de que tal vez no somos lo suficientemente buenos. Que tal vez nuestros talentos sean otros. Y así, poco a poco, dejamos de crear. Dejamos de hacer.

Para crear y hacer de nuevo, necesitamos entender cómo liberarnos del juicio de los demás y, aún más importante, de nuestro propio juicio. Necesitamos entender que la búsqueda de la perfección no es saludable. Necesitamos identificar y reconocer esa historia que nos contamos a nosotros mismos, la que estamos viviendo ahora, y descubrir qué tiene que cambiar para que creamos que podemos hacer cosas. Podemos ser creativos. *Podemos* hacer cosas.

La artesanía como idea consiste en trabajar continuamente en un proceso, buscando la perfección a través de un ciclo de retroalimentación que requiere el juicio propio, al tiempo que reconoce que la verdadera perfección es inalcanzable. Por lo tanto, la artesanía es una celebración del juicio y una comprensión intrínseca de que las cosas estarán «mal», pero las hacemos igualmente.

La antropóloga Alice Roberts dijo una vez que los humanos somos pensadores y creadores y esas dos cosas se combinan de manera única en nuestra especie. Para mí, las dos cosas están indisolublemente unidas. El acto de hacer, usando activamente nuestras manos, nos da la oportunidad de pensar. Proporciona a la mente consciente y al cuerpo físico un punto en el que centrarse, lo cual permite que la mente subconsciente deambule, como en la meditación. En consecuencia, es aceptada hoy en día como un proceso que puede utilizarse con fines terapéuticos. De hecho, la terapia ocupacional nació del movimiento Arts & Crafts de finales del siglo XIX, que promovió activamente la vuelta a la artesanía como respuesta a la producción industrializada.

Sin embargo, aquí estamos, casi 150 años después, aún más desconectados, como sociedad, de nuestras manos, de los materiales y de la Tierra. Sin embargo, la conexión no está perdida del todo. Sigue habiendo una gran creatividad a nuestro alrededor. Lo más probable es que tú ya la estés practicando.

¿Recuerdas la última vez que probaste una nueva receta, cuando abriste tu libro de cocina favorito y lo hojeaste hasta que te saltó a la vista algo que querías reproducir y probar? Seguiste las instrucciones lo mejor que pudiste, paso a paso, personalizándolo seguramente al reemplazar algún ingrediente que te faltaba por algo que sí tenías en el armario. Oliendo y probando conforme avanzabas con el plato para tener una idea de hacia dónde se dirigía. Intentaste que los sabores que se filtraban a través de tus sentidos envolvieran tu lengua y papilas gustativas hasta que, con nervios y emoción, lo serviste en un plato.

Mientras comías, ¿acaso no te preguntaste varias veces si no hubiera estado un poco más tierno de haberlo retirado antes del fuego, o si la salsa no hubiera tenido más sabor y textura si la hubieras dejado hervir a fuego lento unos minutos más? Sea como sea, o bien habrás creado una comida deliciosa y descubierto nuevos ingredientes y un proceso que repetirás en otra ocasión, o bien habrás aceptado que no es lo mejor que has comido y buscarás formas de mejorarlo la próxima vez. Cualquiera haya sido el resultado, lo intentaste y lo más probable es que aprendieras algo que enriqueció tu conocimiento.

Los humanos hacemos dos cosas que nos diferencian de todos los demás animales: usamos herramientas y contamos historias. Cuando creas algo con tus manos, haces ambas cosas a la vez.

— Adam Savage

Trabajar con materias primas para producir algo que no existía antes, en este caso con ingredientes para crear una comida, es una forma de elaboración en la que casi todos participamos a diario. Transformar esos materiales a través de un proceso que acaba resultando en algo apetecible quizá parezca simple, pero puede ser también increíblemente gratificante. Igual que nos alegramos y disfrutamos del espacio mental y el sentido de la satisfacción que nos brinda la cocina, hacer algo, cualquier cosa, beneficiará nuestro estado de ánimo. De hecho, participar en este tipo de actividad práctica y con sentido no solo es beneficioso, sino que es esencial para una buena salud mental, y no es necesario circunscribir ese hacer a la taza de café de la mañana o la cena.

Ahora, más que nunca, como sociedad, como seres humanos, necesitamos reconocer los beneficios físicos y mentales de hacer, apoyarnos y animarnos unos a otros para darle mayor protagonismo en nuestras vidas y sacar tiempo para practicarlo con frecuencia.

Cuando éramos niños, crear era algo natural. Todo lo que necesitamos es el espacio, el aliento y la seguridad para empezar de nuevo.

Ritmo

La primera vez que alguien me habló del concepto de ritmo estaba aprendiendo a dibujar. En aquel momento estaba frustrado porque mi trabajo no progresaba tan rápido como el de otros niños de mi clase, por lo que mis padres me sugirieron que fuera más despacio y entendiera bien lo que quería lograr antes de precipitarme a hacerlo. (Resultó que no todo en la vida era una carrera, ni siquiera para nosotros, los tipos competitivos.) Esta filosofía me ayudó incluso de niño. Me enseñó a centrar mi atención, a darme tiempo para elaborar mis ideas y no apresurarme a hacer algo solo por lograr un producto terminado. Como era de esperar, esta lección volvió a surgir repetidas veces a lo largo de mi educación, y hoy es algo que continúo practicando en mi trabajo creativo y en mi vida.

El ritmo es la cadencia con la cual hacemos las cosas. Y, en mi experiencia, un ritmo más lento simplemente produce mejores cosas. Cuando te tomas tu tiempo para llevar a cabo una tarea, proyecto o idea, te vuelves más consciente de ti mismo, de tu entorno y de cómo encajas en todo lo que sucede a tu alrededor. Te permite evaluar todos los aspectos de tus circunstancias internas y externas, ser proactivo en tu enfoque creativo y, en última instancia, tomar mejores decisiones. Y, cuando se trata de fotografía, tomar mejores decisiones te lleva a capturar los momentos correctos, aquellos que fácilmente pasas por alto si vas demasiado rápido.

Aunque no siempre tenemos el lujo de controlar el tiempo del que disponemos para un proyecto determinado, siempre podemos controlar la velocidad a la que pensamos y nos movemos. Acelerar nuestro ritmo a menudo acarrea estrés y visión en túnel, lo que puede afectar negativamente al estado de ánimo de una sesión de fotos y al resultado. Pero si mantenemos nuestras mentes y nuestros movimientos estables, creamos una atmósfera cómoda tanto para nosotros como para los sujetos de nuestro trabajo, lo que, a su vez, nos permite aprovechar el tiempo que tenemos al máximo. En este sentido, en verdad es casi un truco para ganar tiempo.

La tecnología nos permite movernos y disparar rápidamente, tomar montones de imágenes digitales mientras buscamos el encuadre perfecto, el sujeto perfecto, el momento perfecto. Pero, independientemente de con qué disparemos, el objetivo de la fotografía sigue siendo el mismo: conectarse y capturar la vida tal como es, en tiempo real, con toda su increíble imperfección. Esto no quiere decir que utilizar la última tecnología sea algo malo; simplemente conlleva sus propias dificultades en términos de ritmo.

Personalmente, he descubierto que la fotografía con película te hace ralentizar de manera natural. La película tiene una parte muy táctil, desde la carga hasta el bobinado y el procesado, por lo que cada paso propicia una pausa. No es fácil (ni barato) ponerse a tomar fotos como loco, por lo que la alternativa es pensar todo mucho. Te induce a centrarte en algo, a caminar sin prisa y sopesar la escena en su conjunto, todo el tiempo, enseñándote a identificar, silenciosamente, cuál es el momento de presionar el obturador. Es, en verdad, bastante rítmico. Dicho esto, e independientemente de si eliges disparar digital o analógico, si mantienes un ritmo lento y tranquilo, aprenderás a aprovechar cada momento al máximo de manera instintiva.

Hace varios años hice las fotos para un proyecto de Levi's con el artista Evan Hecox (ver página 164), a quien conocía desde hacía algún tiempo y había fotografiado antes. La sensación consolidada de comodidad y familiaridad que había entre nosotros era genial, pero yo nunca había fotografiado a Evan por una necesidad específica o como encargo creativo de otra persona. Estábamos haciendo una campaña de marca, así que tuve que repensar por completo cómo quería fotografiarlo y analizar cómo ese enfoque podía incluir a Levi's y su producto. Se trataba de algo nuevo tanto para Evan como para mí: en el pasado, mis ojos siempre se habían centrado en sus manos, su rostro, el trabajo visual que estaba creando. Esta vez, tuve que concentrarme en su silueta y en la ropa que vestía. Por suerte, pude pasar un par de días con Evan en su estudio, lo cual me permitió encontrar mi ritmo y observar realmente cómo hacía su trabajo. De esta manera comencé a detectar los momentos en los que podía capturarlo con autenticidad y aun así mostrar el producto (en este caso, sus pantalones vaqueros). Al cabo de un tiempo, me di cuenta de que cada vez que se acababa un disco, Evan se acercaba a su tocadiscos, se agachaba y ponía uno nuevo. Se trataba de un acto banal al que no habíamos prestado ninguna atención, pero esos simples momentos terminaron siendo perfectos para capturarlo de manera orgánica, cuando estaba cómodo. Sus hábitos reales destacaban los pantalones vaqueros de forma natural.

Reducir la velocidad de esta manera nos da más tiempo para tener una imagen panorámica de la situación. Encontrar nuestro ritmo antes de comprometernos por completo con una idea creativa nos ayuda a no pensar demasiado, a no hacer más de la cuenta ni entregar menos; al final, conduce a menos errores y menos tiempo perdido. En este caso en particular, mantener un ritmo constante me permitió trabajar con Evan de una manera novedosa que mostraba tanto su trabajo como los pantalones vaqueros en situaciones que tenían sentido, sin presionarlo a hacer cosas que normalmente no haría.

Una pausa activa

Una pausa no es la nada. Algo sucede en una pausa o a resultas de ella. Por eso, hacer una pausa es diferente a pararse. El improvisador Gary Hirsch lo describe como «la manera de parar que hace posible otra forma de pensar». El realizador David Keating habla de la pausa como un «feliz vacío». A nivel material, que no suceda nada es básicamente imposible, incluso en una pausa. Tal y como subraya la profesora de yoga y coreógrafa Kay Scorah, para permanecer de pie muy quieto es necesario moverse constantemente haciendo pequeños ajustes a la postura y posición. Contemplar tal «inmovilidad» resulta cautivador y los artistas callejeros que posan como estatuas en las ciudades de todo el mundo son muestra de ello. Si se observan de cerca, se percibe que siempre está sucediendo algo. Al hacer una pausa, se continúa pensando, respirando, metabolizando.

Ni siquiera en la meditación existe la nada. La instructora de meditación Rachel Lebus considera que su objetivo no es detener o vaciar la mente; la meditación no es un instrumento de control. Las imágenes y los pensamientos surgen inevitablemente y la meditación consiste en dejar que se marchen, no en no tenerlos. En la meditación puede que la mente esté en otro estado, pero no está completamente vacía o quieta. La nada no existe.

La obra más conocida y controvertida del compositor John Cage se llama *4'33"*. En esta pieza se le pide al artista o a los artistas que no toquen (durante cuatro minutos y treinta y tres segundos). Lo que Cage quiere demostrar es que nunca hay silencio absoluto, que «todo lo que hacemos es música». En la misma línea, una pausa no es una ausencia, sino la oportunidad de estar presentes en algo que de otro modo pasaríamos por alto o ignoraríamos, del mismo modo que durante *4'33"* emerge la «música» del ruido de fondo que siempre nos rodea. Una pausa es, más que la nada, un cambio de atención y actividad, de una cosa a otra. Es «un no hacer para hacer otra cosa», dice la actriz y cantante Phyllida Hancock. Puede que nos abstraigamos de las cosas habituales, pero, al hacerlo, prestamos atención a otras.

Existe en todo ello un enigma que apunta, de nuevo, a la diferencia entre las personas y las máquinas. El escritor y columnista Dov Seidman lo resume maravillosamente: «Cuando aprietas el botón de pausa en una máquina, se para. Pero cuando aprietas el botón de pausa en el ser humano, se pone en marcha».

La pausa contribuye de manera importante a la creatividad porque nunca sabemos qué desencadenará. En los procesos creativos hay patrones. Uno de los que detectan las personas que estudian la creatividad es que siempre hay discontinuidad, un hueco o un retraso. En pocas palabras, una pausa.

En *Las buenas ideas: una historia natural de la innovación*, por ejemplo, Steven Johnson habla de «corazonadas lentas». Postula que las nuevas ideas son «criaturas frágiles que se pierden ante las necesidades más acuciantes del día a día». Las corazonadas lentas no se desarrollan trabajando sin descanso para solucionar un problema. Son más «cuestión de cultivar y sudar» y, como una cosecha, necesitan períodos de barbecho. Es un proceso vivo, no mecánico.

En *Cómo generar ideas*, el director creativo Jack Foster es explícito a este respecto. «Olvídate de ello» es uno de los estadios en su proceso de generación de ideas. Cita a su colega del sector de la publicidad James Webb Young en su ya clásico libro de 1934, *Técnica para producir ideas*, así como al filósofo alemán Helmholtz y a varios investigadores académicos más. Todos ellos incluyen una etapa de desconexión de la tarea entre manos. Pueden llamarlo «digestión mental» o «incubación», lo cierto es que el proceso creativo, se mire como se mire, tiene algún tipo de pausa incorporada en él. A la innovación no se llega directamente.

El «momento Eureka» a menudo tiene lugar durante la pausa. Hoy en día parece que las ideas se nos ocurren cada vez más en la ducha que en la bañera, aunque puede que sea un simple reflejo de nuestros nuevos hábitos de higiene. Los «momentos Eureka» son madera para buenas historias y, por ello, la repentina inspiración generalmente se lleva toda la atención. Sin embargo, sin la significativa pausa que los engendró, esos momentos no existirían.

Mi vida ha estado marcada por momentos fortuitos que surgieron en un «intermedio». Conocí a mi mujer en Madrid, un día en que una huelga de metro había paralizado la ciudad. El tiempo que pasé en Portland, Oregón, sin ningún motivo en particular, me llevó a fundar mi propio negocio. Casualidades «así de radicales» no ocurren si vas cabizbajo, apresurándote para llegar a destino o enterrado hasta las cejas en los pequeños detalles del día a día. Puede que las oportunidades sigan estando ahí, pero seguramente no las ves ni las percibes y, si lo haces, es probable que las descartes por imposibles mientras vas a toda velocidad por el camino que has planificado. Como dice mi amigo Jorge Álvarez: «Las autopistas siempre llevan a destinos conocidos».

La pausa deshace
el aplanamiento del
tiempo impulsado
por la tecnología y
le devuelve algo de
profundidad

Cuéntanos tu historia

Las historias son una llama que los humanos nos pasamos unos a otros. En la novela de Cormac McCarthy *No es país para viejos*, el sheriff Bell recuerda que, cuando era vaquero, su padre transportaba las brasas de un campamento a otro en el interior de un cuerno. Era una tradición heredada de los nativos americanos. En la novela, la costumbre cobra un nuevo significado: el de mantener la esperanza y continuar la búsqueda sin perder la humanidad. Tanto en la tribu india como en la sociedad de los vaqueros, el encargado de pasar la llama gozaba de un estatus especial.

Las historias tienen una chispa, un poder: consuelan, conectan, transforman, destruyen, e incluso sanan. De la misma manera que todos tenemos una historia que contar, todos sabemos reconocer una historia bien contada. No todos hemos nacido con el don de la narración. Sin embargo, después de años de enseñar *storytelling* nunca he conocido a nadie que, una vez aprendidos los principios que se exponen en este libro, no fuera capaz de contar su historia. El *storytelling* es connatural a la esencia del ser humano.

El mero hecho de contar nuestra historia es ya de por sí un acto de poder. Oír y contar historias nos inspira. Oyendo y contando vislumbramos una vida mejor. El resultado es que nos convertimos en personas más valientes. A partir de ahí sucede algo curioso: nuestras acciones, nuestros actos de valor individuales, conducen a la «sanación en la tierra», es decir, a la transformación de nuestro entorno.

Lo contrario es igualmente poderoso. El poder de la narración puede ser fatal. La historia nos demuestra que las historias no contadas pueden tornarse en una especie de genio maligno encerrado en una botella. Cuando se descorcha la botella se desata su capacidad destructiva.

———————

El denominador común de todas las grandes historias es que son el relato de un viaje cuyo final es incierto. Están llenas de esperanza. Todas tratan acerca de la valentía. Las historias trágicas, en cambio, tratan acerca de personas que no tuvieron la valentía de hacer lo que tenían que hacer o que huyeron cobardemente.

Así es como conectamos con nuestra propia humanidad y mejoramos como personas. Tu manera de narrar tu historia marcará la diferencia en tu forma de abrirte paso en el mundo, de compartir lo que eres, en todo lo que hagas, ya sea convencer a alguien de que te ame, de que compre algo que hayas fabricado o de que se comprometa con una causa en la que crees.

Disfruto compartiendo las historias de mis héroes: los mundialmente famosos y los que solo unos pocos conocen. A pesar de ello, para mí las mejores historias son las historias personales que me cuentan mis estudiantes, todas únicas, inolvidables y llenas de emociones. Esto se debe, en parte, a que tuve el enorme placer de observarlos mientras aprendían a contar esas historias. La narración es algo natural en todos nosotros. Solo tenemos que ponerla en práctica. Atrévete a entrar en lo personal. Atrévete a ser vulnerable. Y atrévete a escuchar a otros compartiendo sus historias.

¿Por qué deberías arriesgarte a mostrar tu vulnerabilidad? Porque en la era de la creación de contenidos, siempre hay alguien vendiendo una historia. Estamos inmersos en un mar de historias, e incluso tomamos decisiones trascendentales a causa de ellas. En consecuencia, es necesario saber aprovecharlas al máximo y contarlas de forma adecuada. De lo contrario corremos el riesgo de que alguien cubra nuestra cultura con las suyas, en cuyo caso, ¿cómo transmitiremos a la próxima generación lo que se ha perdido, o peor aún, olvidado?

Recuerda a Churchill: nunca, nunca olvides. A fin de cuentas, tu historia es todo lo que tienes. Cuéntanos tu historia. Hazlo.

Los 10 principios del *storytelling*

1 **Cuenta tu historia como si se la contaras a un amigo.**
Este principio es válido en cualquier contexto y ante cualquier público.

2 **Enciende el GPS**
Proporciona al público el lugar, el tiempo, el decorado y cualquier contexto que te parezca relevante.

3 **¡Acción!**
Utiliza verbos activos. Como suelo recomendar a mis alumnos: «Piensa como Hemingway». Utiliza una serie de verbos selectos pero procura que no sea demasiado larga. Usa el diccionario de sinónimos (sí, una *app* gratuita también sirve). Evita los polisílabos, los términos eruditos, la hiperintelectualización, los filosofismos y la excesiva adjetivación. ¿Ves cómo el uso excesivo de palabras de ese tipo y la lectura de parrafadas como la anterior es aburridísima?

4 **Yuxtaposición**
Escoge dos ideas, imágenes o pensamientos y únelos. Déjalos chocar. Recuerda a Hegel: la oposición de dos ideas da lugar a una idea nueva (tesis + antítesis = síntesis). Este recurso engancha al público y es esencial en toda narración de éxito.

5 **El detalle resplandeciente**
Elige un momento o un objeto cotidiano y conviértelo en un «detalle resplandeciente» que recoja y encarne la esencia de lo que estás contando. Convierte lo ordinario en extraordinario.

6 **Pasa la llama**
Atrapa la experiencia o idea que te sedujo originalmente y simplemente pásasela al público como una antorcha encendida. Sé el portador de la llama.

7 **Sé vulnerable**

Atrévete a compartir las emociones de tu relato. No tengas miedo de plantear al público las mismas preguntas que te surgieron durante la creación. Permítele experimentar la misma duda, confusión, ira, tristeza, intuición, júbilo, deleite, gozo e iluminación que experimentaste tú.

8 **Conéctate con tu memoria sensorial**

Reconoce cuál de los cinco sentidos es el predominante en tu narración y utilízalo para establecer una conexión más profunda con el público. Los recuerdos están siempre gobernados por uno de los cinco sentidos.

9 **Utilízate a ti mismo**

Eres un ingrediente más de tu relato.

10 **Deja ir**

Deja que tu historia fluya hasta su clímax emocional natural y después ciérrala y sal de ella lo más rápido que puedas. Procura que el público siempre se quede con ganas de más. Menos es más.

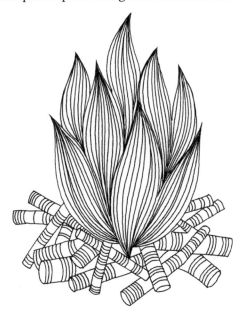

El detalle resplandeciente

Son las pequeñas cosas.

— Vincent Vega, *Pulp Fiction*

Para que una historia sea inolvidable es necesario encontrar esa imagen que conecta con el público, ese momento «¡Ajá!». Así se crea la epifanía de los grandes relatos, la sorpresa de la revelación o el suspiro del reconocimiento. Esa imagen singular, y bien situada, transforma una historia buena en excelente. A este elemento que hace que una historia en particular destaque entre muchas yo lo denomino el «detalle resplandeciente», expresión procedente de Irlanda, otro pueblo de grandes narradores.

El detalle resplandeciente es aquello que atrapa el tema y la emoción de la historia de un solo golpe. Es un singular y elegante momento de claridad. Es una representación literal de la verdad inherente a toda narración. Por eso, mientras desarrollamos nuestro relato, debemos preguntarnos cuál es la verdad interna de lo que queremos contar.

De esta forma el detalle resplandeciente se manifestará por sí solo. Lo primero que hay que hacer es escuchar lo que nuestra historia nos está diciendo. Por lo general, la esencia de un relato se revela en un detalle cotidiano. En el caso de DJ Forza fue una sencilla invitación a tomar una taza de té. Hay que dejarse llevar por él. Hay que aprender a no pensar demasiado. Muy a menudo, cuanto más cotidiano el detalle, más extraordinaria es la verdad que revela.

Voy a recurrir al ejemplo de uno de mis estudiantes, un joven danés que nos contó la historia de Helga, su abuela materna.

A fines de los años cuarenta, Helga acudió a los tribunales para solicitar el divorcio y acusó a su marido de lo que hoy llamaríamos malos tratos continuados. En aquellos tiempos las mujeres no se atrevían a divorciarse. Poner en riesgo la estabilidad económica era peligroso.

Helga y su marido eran miembros muy respetados de la comunidad católica de la zona. Tenían dos hijos de tres y cinco años, vivían en una hermosa casa y tenían dinero. A pesar de ello, a Helga no le quedó más remedio que solicitar el divorcio. Se vio obligada a defenderse a sí misma ante el tribunal porque ningún abogado quiso aceptar su caso. Al final el juez terminó por concedérselo, pero sin desaprovechar la ocasión para sermonearla en público, afirmando que aquel proceder revelaba su carencia de valores. No le cabía duda, dijo, de que era una mala esposa y un decepcionante ejemplo de mala madre. También dijo que sentía compasión por sus hijos y que si le concedía el derecho de permanecer en el hogar familiar era para no privarlos a ellos de estabilidad. Cuando Helga por fin pudo volver a casa, se la encontró completamente vacía. Mientras ella estaba en la sala, siendo humillada por el juez, su marido había aprovechado para llevarse todo cuanto había en la casa, los muebles, los armarios con la ropa dentro, las camas, los juguetes de los niños, las lámparas... Hasta había arrancado los enchufes de las paredes.

Este breve relato de dolor emocional universal nos ofrece un detalle resplandeciente que muestra el motivo por el que Helga decidió soportar la humillación pública de un divorcio. La imagen de los enchufes arrancados nos hace comprender su absoluta necesidad de separarse de un marido tan mezquino y vengativo que fue capaz de negar a sus propios hijos no ya los juguetes, sino algo tan básico como la electricidad, la luz y la calefacción. Ese sencillo detalle revela perfectamente la verdad oculta de la historia: la desesperación emocional de Helga. La imagen de los enchufes arrancados manifiesta la total falta de humanidad que reinaba en aquel hogar. Despierta nuestra compasión y nos hace admirar su valor.

Hay que resaltar que antes de narrar la historia he ofrecido un breve titular: una mujer solicita el divorcio en los años cuarenta, cuando no solo era poco frecuente sino que además entrañaba un enorme riesgo económico. Como público solo se nos cuenta el más simple de los hechos. No se nos ofrece juicio alguno acerca del marido. En un principio desconocemos los motivos de Helga. Solo se nos informa de que se lo juega todo a una carta y por ello se ve forzada a soportar el sermón del juez. El relato continúa, acompañamos a Helga para descubrir con ella que todo lo que hace habitable una casa ha desaparecido: los muebles, la ropa, incluso los juguetes de los niños. Cuando llegamos a la parte de los enchufes arrancados solo nos queda preguntarnos qué tipo de persona se toma la molestia de arrancar un enchufe.

Hoy en día, uno de los problemas de la narración es que tenemos el radar emocional embotado. Somos menos sensibles a los pequeños detalles y creemos que al público hay que ponérselo todo en bandeja. Que debemos ir rellenándole los huecos. Muchos narradores consideran necesario adornar su relato con un vocabulario florido o alegatos políticamente correctos. Veamos la siguiente narración de la misma historia a modo de ilustración: «Sé que es algo terrible de imaginar, pero les contaré la historia de una mujer cuyo cruel marido había convertido su hogar en un tortura tan terrible que se vio abocada a tomar medidas desesperadas». Añadamos también un posible final: «El hecho de que lo primero que tuvo que hacer aquella mujer, ahora sumida en la pobreza, fue contratar a un electricista, demuestra claramente lo mal padre y marido que era aquel hombre...».

Es innecesario. No hacen falta adornos, justificaciones ni explicaciones. Basta con contar la historia y dejar que el impacto emocional resuene por sí solo, como sin duda lo hará. La clave está en usar el recurso del detalle resplandeciente en su justa medida. Nunca debe dominar la narración y nunca debemos dejar que se note que es un recurso narrativo. Usémoslo con moderación. Con una o dos veces es suficiente.

La mente curiosa es la fuente de la creatividad

John Steinbeck escribió en *Al este del Edén*: «La mente libre y exploradora del individuo es lo más valioso del mundo».

A la curiosidad no le gustan las reglas o, al menos, da por hecho que todas las reglas son provisionales. Rechaza los caminos aceptados, ya que prefiere los desvíos, las digresiones improvisadas y los cambios espontáneos. La curiosidad es voraz: cuanto más sabes, más quieres saber, más conexiones haces entre las diferentes áreas del conocimiento, más ideas tienes. Por eso, la curiosidad es en realidad la fuente de la creatividad.

Si fomentas de veras tu curiosidad, te descubrirás como Galileo, Charles Darwin y Steve Jobs: poniendo en entredicho las ortodoxias fijas que imponían su autoridad real, legal, política o religiosa para tratar de detener el ímpetu de esas personas disruptivas y, lo que es aún más importante, para intentar devaluar su recién adquirida autoridad. No es que estos tres aventureros salieran muy mal parados... al final. Aportaron al mundo belleza y una manera más hermosa de ser y de saber.

Sentir una curiosidad profunda e intensa hacia nuestro mundo, y conservarla, es vital para el pensamiento original; por el contrario, las personas que carecen de ella se enfrentan a un futuro bastante sombrío. Tener un corazón y una mente hambrientos determina qué es lo que creamos.

Intenta concertar una cita con la serendipia

¿Has recibido alguna vez por correo postal o electrónico una invitación de la serendipia? Dice así: «Querido o querida XXX: Espero que estés bien. Me gustaría invitarte a un momento de serendipia profunda, por ejemplo, este próximo viernes. Podemos comer juntos y después charlar sobre los increíbles conocimientos que te voy a revelar. No llegues tarde. Con cariño, Serendipia».

No, la serendipia nunca concierta una cita, sino que llega sin más y de cualquier manera, como es su costumbre. Puede que te señale con la mano de Dios a través de las nubes o que decida que el más pequeño y discreto de los susurros es suficiente para darte un empujoncito y que saques a la luz los conocimientos que ya albergas.

Así que deja siempre la puerta abierta a la serendipia, porque nunca sabes cuándo aparecerá, es inesperada. Con tu profundidad de campo y tu alma curiosa, permitir que algo evolucione o ver el significado de las casualidades afortunadas puede suponer la diferencia entre crear lo mismo de siempre o algo que sea único, valioso, duradero y bello.

A veces es mejor no esforzarse en absoluto, sino dejar que las cosas lleguen sin más. Solo hace falta estar preparado para entregar tu corazón a la voluntad de la serendipia.

Haciéndonos a nosotros mismos

Cuando te deshaces de tu miedo al fracaso, de la tensión que te genera tener éxito..., puedes ser tú mismo. Relajado. No conducirás más con el freno puesto.

— Anthony de Mello

Me siento muy afortunado de haber encontrado mi pasión a una edad tan temprana. Con el amor y el apoyo de quienes me rodeaban pude perseguir esa pasión y llevarla conmigo. Mi amor por las personas y el medio ambiente me han guiado y llevado hasta aquí, razón por la que os pido que hagáis lo mismo. Sigue a tu corazón y lo que te hace disfrutar, porque así podrás vivir la vida que deseas.

Fueron varias las razones que me llevaron a preguntarme de dónde me venía esta pasión y enfoque, pero sobre todo el reto que me planteó hace poco un buen amigo. Este me animó a profundizar en esta cuestión y fue así como descubrí que bajo todo lo que experimentamos, bajo todas las capas, nos queda el amor. Todos albergamos amor en nuestro núcleo y compasión por el planeta, amor por los demás y amor por nosotros mismos. Hacer algo nos sirve para recordarlo.

Mientras escribía mi libro, me resultó imposible pasar por alto los paralelismos entre el proceso de hacer un objeto físico con nuestras propias manos y el de hacernos a nosotros mismos.

Se podría decir que todos llegamos a este mundo como un lienzo en blanco, un recipiente vacío. Mientras progresamos, pasamos por distintas etapas, como las de dar forma y construir. Con el tiempo, nos deshacemos de aquello que no nos sirve. Mejoramos constantemente, aprendiendo y superando desafíos a medida que pasamos por más etapas de remodelación y reconstrucción, siempre guiados por quienes sentimos que somos.

Hay momentos en los que nos sentimos rotos o golpeados, pero sé que, como la madera que trabajo con mis manos, esas partes se pueden volver a trabajar y fortalecer, o valorar como parte de nuestra historia. Contribuyen al personaje y a la narración.

A veces podemos sentirnos sobrepasados por el trabajo e infravalorados, desanimados y pisoteados. Nos tenemos que dar cuenta de que, sobre todo en esos momentos, necesitamos nutrirnos, necesitamos lijar esos golpes y rasguños y aplicar otra capa de aceite protector.

El resultado de todo nuestro trabajo nunca estará terminado. No nacemos terminados y, desde luego, no morimos terminados. Pero el viaje entre los dos puntos será hermoso y de verdadero valor para este mundo. Ahí es donde reside la magia.

El objeto físico en el que más claramente percibo estos paralelismos es la tabla de surf de mano. Cuando pienso en hacer una, es fácil quedar atrapado en la seriedad del proceso, en las decisiones que tengo que tomar y en su funcionalidad. Sin embargo, una vez está todo dicho y hecho, el propósito final es usarla para sumergirte en los elementos, sentir la energía del océano, conectarte con la naturaleza, contigo mismo, y disfrutar del viaje.

Juega.

Ríe.

Comparte.

CAPÍTULO OCHO

TÚ

Bienestar

Saber que por lo menos una persona ha respirado mejor porque has vivido. Esto es triunfar.

— Ralph Waldo Emerson

Cuando dejé el mundo de la publicidad para convertirme en profesor de yoga, creía en la frase «Somos seres humanos y no seres que hacen». En mi nueva vida estaba rodeado de gente que creía en el poder del ahora y en la importancia del bienestar, y «hacer» no estaba bien visto. La primera vez que noté ese runrún de deseo de hacer y crear más, me sentí confundido. ¿Cómo podía hacer más sin poner en peligro mi bienestar?

Durante los últimos años, al analizar este conflicto interior, he acabado dándome cuenta de que es una batalla que se libra también en el mundo exterior. Podría parecer que hay dos tribus: los que *son* y creen que la vida es quién eres y cómo te sientes, y los que *hacen* y creen que la vida es lo que haces y a dónde llegas.

Ahora me doy cuenta de que son dos caras de la misma moneda. Hay ser en hacer y hay hacer en ser. En 2011 bauticé a este enfoque integrado de la vida «bienhacer» [*welldoing*]. ¡Está en el centro de mi vida personal, laboral y de este libro!

Somos seres humanos y hacedores humanos.

El bienhacer no consiste en equilibrio, pues estaríamos dando por sentado que existe un estado ideal de equilibrio cuando en realidad la vida son millones de momentos en constante fluctuación. El bienhacer trata de equilibrio dinámico, la capacidad de surfear las olas de la vida con habilidad y alegría. También en la medicina se ha dado el mismo sutil pero importante cambio en la manera de entender las cosas. El concepto de «homeostasis», cuando el cuerpo busca de manera natural un estado de equilibrio, se ha sustituido por «alostasis», que significa estado de equilibrio dinámico. En su ya clásico libro *¿Por qué las cebras no tienen úlcera?*, Robert Sapolsky lo explica como «constancia a través del cambio».

Por la noche, al permitir que la mente y el cuerpo sigan un ritmo natural de luz y sueño profundo, recargamos el equilibrio dinámico.

Durante el día, alternar períodos de esfuerzo con otros de descanso nos permite mantener niveles de energía altos a través del equilibrio dinámico.

Con cada respiración que tomamos, al crear un ritmo suave, constante y frecuente con nuestras inspiraciones y espiraciones, nos sentimos centrados por el equilibrio dinámico.

En retrospectiva, me doy cuenta de que en mi vida se me pasaron por alto varias claves para entender esto, pero las he descubierto al investigar para este libro. En 1999, durante un período de depresión tras la muerte de mi hermano, antes del cambio de milenio, me prestaron el libro *Vida óptima*, de John-Roger y Peter McWilliams. Uno de los capítulos trata de estar y hacer y de la importancia de ambos. En aquel momento no estaba preparado para captar el sentido, a pesar de los «chistes robados de tazas de café» incluidos en el libro para hacer llegar el mensaje, tal como reconocieron sus autores:

Hay quien dice «hacer es ser».
Otros dicen «ser es hacer».
Yo tiendo a estar de acuerdo con Francis Albert Sinatra:
«Do, be, do, be, do» [Haz, sé, haz, sé, haz].

Más adelante, la primera vez que leí *Organízate con eficacia*, de David Allen, una gran influencia para lograr volverme más eficiente, me fijé en que estaba dedicado a su instructor espiritual J.R., John Roger, coautor de *Vida óptima*...

De esta manera, los mundos de ser y hacer se fundieron en uno, y ahí es donde reside la magia y donde nació este libro.

La máquina tecnológicamente más avanzada que conocemos es nuestro propio «cuerpo-mente». En el aprovechamiento de los mecanismos naturales del cuerpo humano tenemos una capacidad incorporada para gestionar el estrés. El mero hecho de respirar bien y en sincronía con el flujo natural de nuestro cuerpo sienta las bases para alcanzar nuestro máximo potencial. Si te organizas mejor y encuentras el coraje para salir de tu zona de confort, pasas, como diría James Victore, de *«worrier to warrior»* [de preocupado a luchador]. Viviendo una vida con una consciencia más plena podemos apreciar las pequeñas cosas y saborear más el momento.

Cada respiración es una ola. Cada latido es una ola. Cada pensamiento es una ola. Cada uno de nosotros es una ola.

Todas esas olas que suben y bajan están contenidas en el vasto océano de nuestras vidas. Pero, al mismo tiempo, la consciencia plena así como la meditación nos adentran en las profundidades de ese océano.

Nuestro hacer y nuestro ser como uno.

El bienhacer es la síntesis de estas experiencias opuestas de la vida en un gran todo dinámico. Aceptar todo lo que vivimos y todo lo que damos con valentía, habilidad y amor.

Para encontrar la calma interior y centrarnos en el exterior todos necesitamos adoptar una serie de estrategias y técnicas que combinan cómo somos con lo que hacemos. Reducir los niveles de estrés, mejorar los niveles de energía, centrar la mente y atención en lo que realmente importa; todo esto puede transformar tu vida. Espero que, al jugar con estas ideas e integrarlas en tu vida diaria, tú también puedas encontrar algo de magia y la pasión para hacer que suceda.

«Esforzarse por algo que no nos importa se llama estrés. Esforzarse por algo que amamos se llama pasión.»
— Simon Sinek

La relación cuerpo-mente

Quizá ya te has dado cuenta de que a veces hablo de los efectos de la respiración, del estrés y de la relajación en la mente y otras, en el cuerpo. De hecho, hay un solo «cuerpo-mente». Tu cuerpo afecta a tu mente y tu mente afecta a tu cuerpo. Sin embargo, demasiado a menudo hacemos caso a los desvaríos neuróticos de nuestra mente e ignoramos las peticiones de nuestro cuerpo: «por favor, descansa, por favor, muévete, por favor, come...». Si empezamos a escuchar y prestar atención a nuestra mente, nuestro cuerpo y nuestra respiración, podremos comenzar a construir los cimientos para un mejor día y una mejor vida.

Respira como un bebé

¿Tienes hijos? ¿Recuerdas cuando observabas cómo dormían, con sus abdómenes elevándose y descendiendo de manera natural? ¿Recuerdas su primera respiración? Hace poco di una charla en la que utilicé la foto de un bebé para presentar a mi gurú de la respiración, porque los bebés son quienes mejor respiran. Sus mentes y sus cuerpos son uno. Respiran bien porque, como seres humanos, están diseñados para ello. Podemos aprender de ellos. Respirar desde el estómago, respirar a través de la nariz. Es así de simple. Quién sabe, quizá también te ayude a dormir como un bebé.

¿Estás respirando ahora?

Si respirar bien es tan natural, ¿por qué perdemos la destreza? ¿Cuándo te paraste para fijarte en tu respiración por última vez? ¿Has podido constatar ya la conexión entre tu respiración y cómo te sientes? ¿Y ahora? ¿Qué notas? ¿Qué observas? ¿Respiras por la nariz o por la boca? ¿Notas cómo sube y baja tu abdomen? ¿Sientes tu pecho levantándose y expandiéndose? ¿Puede que incluso estés aguantando la respiración?

El primer paso para mejorar cómo respiras es ser consciente de ello. Empieza a ser cada vez más consciente de cómo respiras y cómo cambia tu respiración bajo diferentes circunstancias. No te limites a seguir este libro, sigue tu propia respiración: es tu mejor maestro.

Las tres claves para respirar bien

Existen muchos ejercicios de respiración y muchas técnicas de respiración tanto orientales como occidentales. En este libro encontrarás varias de ellas. Los fundamentos, sin embargo, son sencillos.

1 **Inspira y espira desde el abdomen.**

   Respirar desde el abdomen hace que te sientas más en control y más centrado. Esta respiración diafragmática o abdominal (prefiero decir «vientre») es eficaz y, una vez consolidada, fácil y natural.

2 **Inspira y espira por la nariz.**

   La nariz está diseñada para respirar. Los pelitos de las fosas nasales filtran las partículas del aire. La cavidad detrás de la nariz enfría o calienta el aire hasta acercarse a más o menos un grado de la temperatura corporal. Salvo en determinadas situaciones, como el deporte de alta intensidad, la nariz es mucho mejor para respirar que la boca.

3 **Expulsa un poco más de aire del que tomas.**

   La espiración está relacionada con la respuesta de relajación del cuerpo, pues estimula la rama parasimpática del sistema nervioso autónomo. Una vez en equilibrio, se puede inspirar y espirar del mismo modo. Pero mi experiencia me dice que la mayoría de nosotros estamos estresados tan a menudo que un poco más de espiración con cada respiración nunca viene mal.

Texto de *Respira*, de Michael Townsend Williams

Inhala...

Exhala...

Respira y haz una pausa

Helene Simonsen es intérprete de música clásica. Su instrumento es la flauta, con lo cual en todo lo que toca tiene que haber una pausa para que pueda respirar. Para ella, respirar es parte de la música. Algunos compositores señalan dónde hacer esa pausa y respirar, pero con otros (en concreto Bach, comenta) es uno mismo el que tiene que encontrar o crear el espacio para hacer esa pausa. Porque la pausa es indispensable para el músico y para la música. Como dice Helene: «No importa lo que estés haciendo, si quieres que pase otra cosa, tienes que hacer una pausa».

Sin una pausa, todo continúa igual. Incluso algo tan mecánico como cambiar de marcha en el coche es más fácil si hacemos la más pequeña de las pausas en punto muerto, entre marchas. Hacer pausas es parte de vivir y respirar. De hecho, entre inspiración y espiración también hay una pausa. El propósito de parar un momento no es solo descansar, por muy importante que sea. Como dice Helene, permite que suceda algo más: «Muchas veces mi interpretación se desarrolla a través de las pausas». En una pausa podemos cuestionar maneras de actuar ya existentes, se nos pueden ocurrir nuevas ideas o podemos simplemente apreciar la vida que tenemos. Si no paramos un momento a observarnos a nosotros mismos, ¿cómo podemos analizar qué otras cosas podríamos hacer o en quién nos podríamos convertir? Si avanzamos siempre sin descanso, ¿dónde queda el espacio para el corazón?

Desde el punto de vista celular, una vida sin pausas no es saludable. Influye profundamente en cómo nos sentimos. Si no nos paramos a pensar, la vida nos obligará a parar y hacerlo. Llevado al extremo, el precio a pagar es el *burnout*. La imagen es chocante: consumido por el fuego. Hoy en día el *burnout* es cada vez más común, sobre todo entre aquellas personas que consideramos y etiquetamos como «triunfadoras», algo que debería llevarnos a hacer una pausa y pensar.

Ese no es el único riesgo. «Quemarse» es devastador, pero al menos es lo suficientemente dramático como para merecer atención. Obliga a hacer una revaluación. El *burnout* puede verse como «una reacción sana ante un mundo enfermo», una respuesta generada por algún tipo de sabiduría oculta en nuestro interior reivindicándose de forma llamativa.

Menos extremo pero más insidioso es cuando uno arde de forma lenta y sofocada. Al empeñarnos en pasar constantemente de una tarea a otra podemos acabar convertidos en listas de «tareas pendientes». Poco a poco aprendemos a vivir con menos de nosotros mismos. Es la muerte causada por mil reuniones. Lo que podríamos ser se convierte en un sueño olvidado.

Además del coste en salud y cordura, está también todo lo que nos perdemos en el camino. Si no nos detenemos, nos perdemos las vistas o el camino que no tomamos. ¿Cómo es más probable que tus hijos te hablen? ¿Si les haces preguntas o si les dejas su espacio? Sin pausa (ni silencio) en una reunión, uno puede acabar con los puntos de la agenda en un momento, pero no podrá abordar los problemas subyacentes.

¿Qué otro tipo de conversaciones más creativas y potentes surgirían si dejaras entrar un poco de luz en el proceso? ¿Qué preguntas más profundas aflorarían? ¿Qué otras voces escucharías? Yendo a toda velocidad, ¿realmente se piensa o solo se reacciona? ¿Realmente el acaparar más es la manera de hacer mejor nuestro trabajo o de aprovechar la vida al máximo?

Salgamos a caminar para que el ánimo se alimente y se refresque con el aire libre y la respiración profunda.

— Séneca

CAMINAR SIEMPRE ES DESCUBRIR. CUANDO VAMOS A PIE NOS TOMAMOS EL TIEMPO DE VER LAS COSAS EN SU TOTALIDAD.

— Hal Borland

Caminamos por todo tipo de razones: para hacer la compra, para ir al centro, para acercarnos a casa de alguien, para pasear al perro, para aclararnos las ideas o como fuente de inspiración. Todas tienen sentido.

Mi caminata de la mañana (en este libro llamo «caminata de la mañana» a la costumbre de dar una caminata diaria) puede ser eso y mucho más. Se ha convertido en un ejercicio de meditación y por eso es un poco diferente a dar un sencillo «paseo». Al igual que la meditación sedente, es un ejercicio que refleja la realidad de la vida, los detalles cotidianos siempre cambiantes y en movimiento. La caminata de la mañana comprende la conexión, la observación, el movimiento y el cambio constante. Con el tiempo ha llegado a ser el paradigma de una manera armónica de habitar el mundo en consonancia con su funcionamiento natural.

Por lo general, el caminar se interpreta de forma más bien limitada, sin embargo, es un hábito que muy bien puede cambiarnos la vida. Para que lo sea necesitamos tener clara la intención, despreocuparnos del punto de destino, concentrarnos en el momento y comprometernos con la práctica. Mi caminata de la mañana no tiene por qué parecerse a las de los demás, y eso es algo ya maravilloso de por sí. Podemos llevarla a cabo en un barrio de la ciudad o en un pueblo. Puede incluir ruedas o un compañero peludo, o ninguna de las dos cosas. Vayamos donde vayamos y como vayamos, lo importante es estar ahí, comprometidos con la práctica, abiertos al momento, aceptando el perpetuo cambio de las circunstancias.

Compartan conmigo una caminata de la mañana.

Camina como si besaras la Tierra con los pies.

— Thich Nhat Hanh

Son las 5.02 a. m. de un martes de septiembre de 2020. La brisa fresca comienza a sustituir al lento, húmedo y pesado aire de verano. Hay mucha menos luz que hace una semana a estas horas. Debo admitir que siento una maravillosa impaciencia por el otoño que se acerca y también un punto de intimidación, pues el frío del crudo invierno de Nueva Inglaterra está solo a semanas de distancia. El cambio de las estaciones confiere al mundo un sabor esperanzado, familiar y prometedor. Las estaciones son un recordatorio vivo de que el cambio es el estado natural de las cosas. Estas inevitables variaciones traen aparejada una hermosa sensación de novedad y fugacidad. Caminar en las distintas estaciones del año me ha brindado toda una serie de gloriosas e inolvidables enseñanzas vitales. Una enseñanza dinámica de transformación, de recibir con los brazos abiertos todo lo que contiene cada momento único.

Por las mañanas, cuando me pongo los zapatos y me dirijo a la puerta, siento la forma en que caminar todos los santos días ha transformado mi vida de manera fundamental. Por un lado, están los cambios evidentes en el plano físico, el apetito, el sueño y la actitud. Pero quizá la verdadera magia esté más bien en los cambios sutiles; el sentido del tiempo y el concepto de distancia se han modificado para siempre. Paso a paso, llevo recorridos ya más de cuarenta mil kilómetros, es decir, una vuelta al mundo. He tardado nueve años. Ya no pienso en esto como «un paseo matinal». Ahora lo llamo «caminata de la mañana», y es el ritual sagrado con el que doy comienzo al día. Sin embargo, no siempre ha sido así.

Cuando me comprometí por primera vez a hacer una caminata diaria me fue necesario superar el ego atlético. Durante gran parte de mi vida me definí como atleta. En el instituto practicaba hockey sobre hierba, baloncesto y *lacrosse*, y en el último curso llegué a ser capitana de los tres equipos. En la universidad practiqué remo durante cuatro años e incluso competí en el campeonato nacional. Durante mucho tiempo mi autoestima dependió de mi habilidad para los deportes. Por eso me costó un par de años acostumbrarme a una actividad tan sencilla como caminar. Al final comprendí que la caminata de la mañana no era una actividad atlética.

Lo importante no son los kilómetros ni la velocidad; de hecho, soy consciente de que muchas personas han hecho más de cuarenta mil kilómetros en bici, corriendo, patinando o caminando en menos tiempo o quizá durante más años que yo. Sin duda, un corredor avezado habrá recorrido esos kilómetros en su vida. Tengo amigos a los que considero «caminantes originales»; sé que varios de ellos llevan ya varias décadas practicando las caminatas de la mañana, de modo que lo más probable es que hayan recorrido ya la distancia entre la Tierra y la Luna ida y vuelta.

Sin embargo, la caminata de la mañana no tiene que ver con la distancia ni el tiempo, por mucho que ambas dimensiones sirvan como una especie de hitos. Es más bien cuestión de fidelidad y entusiasmo. Caminar se ha convertido en una costumbre que me ha salvado. Ha salvado mi alma. Ha salvado mi forma de ser. Me ha recordado quién soy en esencia.

Mientras uno pueda seguir caminando, todo irá bien.

— Søren Kierkegaard

Este libro no trata sobre el caminar como acto de redención, sino sobre la lenta y natural toma de conciencia del enorme gozo que genera un cambio y un compromiso vital sencillo. La caminata de la mañana es un microhábito diario que tiene el potencial de ejercer un macroimpacto que dura toda la vida. Es una actividad amable y lenta en la que lo que cuenta es el ritmo, es decir, el paso, no la velocidad. En un paso no hay cabida para la prisa ni la urgencia. No es una tarea que se deba llevar a cabo para pasar al próximo apartado de una lista. Por el contrario, es una oportunidad de acompasarse con la naturaleza. Yo había perdido el contacto con ella. Mi vida se había convertido en una serie de listas de cosas que hacer contra reloj para comenzar la siguiente.

Al observar la naturaleza me doy cuenta de que los fenómenos que se mueven de manera apresurada y urgente son a menudo destructivos; ciclones, terremotos, huracanes, incendios. Mi vida iba a toda velocidad. Mi energía se había descontrolado. Caminar era tanto recuperar un paso natural en el que reconocerme a mí misma, como una manera de abrirme de verdad, de visualizar qué me deparaba cada día. La Madre Naturaleza avanza a su propio paso y el siglo XXI tiene una energía y un ritmo que yo percibía desacompasado. El ritmo «normal» de la sociedad me obligaba a olvidar que formo parte de la naturaleza y que es necesario reducir la velocidad para saber, escuchar y comprender de verdad mis necesidades.

La caminata de la mañana es ya una forma de vida. Es un hábito esencial, sutil, sumatorio, espiritual, físico, creativo, sanador y sosegado que requiere disciplina, compromiso y una buena dosis de optimismo salvaje si deseamos que ejerza su profundo impacto. Caminar nos hace humanos.

Salir a caminar es quizá la actividad más primordial del día. Mi querido amigo Eric siempre respondía «bien, recorriendo el planeta», cuando le preguntaban cómo estaba. Para mí recorrer el planeta ha sido una manera de tocar tierra, de centrarme, de encontrar mi propio latido y encontrárselo a un paraje, a una carretera, a un sendero, a una vereda, a una acera, a un campo...

Los pequeños rituales nos permiten comenzar el día de manera gozosa y simultáneamente nos aportan un potente sosiego. Una caminata, una taza de té, trabajar la respiración, hacer la cama, leer el periódico. Yo sabía que un ritual diario tenía el potencial de activar mi mente, de limpiar la basura de mi cabeza, que era una dosis diaria de belleza y plenitud física, una fuente constante de humildad y un generoso manantial de contento y certidumbre. Sin embargo, no me di cuenta de lo esencial que era hasta que llevaba años de práctica.

SÁBADO, 13 DE FEBRERO DE 2016

¡Qué gloriosa mañana! Fría, radiante, llena de esperanza, me siento agradecida. Si he adquirido esta costumbre es porque deseaba recuperar una comprensión más amplia de la motivación y la claridad, basada en la intimidad fundamental con la tierra. Esta mañana he visto el amanecer, un coyote, varios arrendajos, un águila y el comienzo de mis cincuenta y cuatro años de vida. He descubierto que adquirir un compromiso y cumplirlo se parece mucho a amar. Estos últimos cinco años no han sido fáciles, pero aun así no he fallado ni un día. Algunas caminatas parecían imposibles. Sin embargo, todas han sido un regalo. Una oportunidad de añadir energía, concentración y espacio a la jornada. Espacio para albergar pensamientos osados, para escuchar a la intuición esencial, para tener ideas tontas, para atender a las reacciones viscerales, para jugar con conceptos desordenados, para sentirme agradecida y para celebrar una vuelta más alrededor del sol. Me deseo a mí misma un feliz cumpleaños.

VIERNES, 8 DE JUNIO DE 2018

Dentro de una semana, la agencia de publicidad en la que trabajo presenta una campaña a un cliente importante y aún estamos retocándola. Una directora creativa nunca sabe cuándo va a aparecer La Idea o La Solución. Es aterrador. La tensión, la ansiedad y el nerviosismo aumentan con el paso de los días. Poner las ideas en común con el equipo nunca es fácil. Mis comentarios suelen ser así:

«Es una idea interesante, pero no da en el clavo.»
«No.»
«Me encanta, desarróllalo más.»
«Qué locura.»
«Empieza bien, pero...»
«Es una idea maravillosa, pero no sirve.»
«Quizá.»
«Buen comienzo.»
«Este concepto es muy bueno.»

No llegábamos a ninguna parte, así que me puse los zapatos de caminar e invité al equipo a acompañarme. Quería propiciar una tormenta de conversaciones y comentarios y desenterrar y liberar pensamientos nuevos y originales. También quería que estuviéramos todos al mismo nivel, que en la reunión no hubiera nadie sentado a la cabecera de la mesa. La jerarquía no importaba. Compartíamos por igual el compromiso de encontrar una gran idea mientras caminábamos por la ciudad.

VIERNES, 23 DE AGOSTO DE 2019

Me he enterado de algo terrible. Es una de esas noticias que te cambian la vida, profundamente difíciles. La mayor de las traiciones. Al salir del trabajo, me he dicho que podía hacerme un ovillo en la cama hasta sentirme mejor o salir a caminar. Me he ido a casa, me he puesto los zapatos y he salido a hacer mi ruta habitual de 11 kilómetros. Al final he caminado toda la noche. Toda. La. Noche. Un doloroso paso tras otro. Necesitaba seguir caminando.

Diferentes emociones se sucedían en cada vuelta. El profundo enfado, la frustración ciega, la absoluta negación, la ira pura, la confianza hecha trizas... A veces todas a la vez. Cada vuelta se ha convertido en un elegante capítulo acerca del luto, acerca de la reflexión, acerca del dolor, acerca de encontrar el camino de vuelta a mí misma. He estado fuera hasta el amanecer. Después he vuelto a casa, me he duchado y me he ido a trabajar a pie.

SÁBADO, 2 DE ENERO DE 2021

Buenos días, año nuevo. Acabo de volver de una caminata lar-guísima y preciosa. 19 kilómetros. Unas tres horas. Ha sido una maravilla. Radiante. Tranquila. Gélida. Todo estaba pleno de esperanza y de estímulo. No quería regresar. Quería seguir res-pirando a la luz del sol y el canto de los pájaros. He utilizado el entorno para deshacerme de las voces negativas del año pasa-do. He abandonado al costado del camino todos aquellos pen-samientos inútiles y distractores que se me habían colado en la mente: «No eres lo bastante ____». «Eres demasiado ____.» «¿Por qué dijiste ____?» Y bla bla bla. Mientras camino se me hace más fácil dejarlos atrás. ¿Qué queda entonces? Un día ra-diante, luminoso y colmado de gratitud.

Caminar. Inspirar. Espirar.
Sentirlo todo. Sentir el día.

En mitad de la caminata de hoy me he cruzado con un búho nival, un animal tan maravilloso como poco común. En otros tiempos no lo habría visto. A veces estamos tan ajetreados que no percibimos lo que tenemos delante. Hoy es diferente. Los años de práctica me han enseñado a bajar la marcha y alzar la vista. Al pasar por delante del búho, ha levantado el vuelo, ha hecho varios círculos y se ha vuelto a posar en el camino como si dijera «vamos, sigue adelante».

Un viaje de
mil kilómetros
comienza con
un simple paso.

— Lao Tse

CAPÍTULO NUEVE

REGENERA

Conciencia de la tierra

Pasé la veintena asustada por el desastre climático, muy ocupada movilizándome. A los treinta y pocos años, estaba desgastada a causa de una vida poco equilibrada y con demasiado activismo. Frenar el cambio climático era mi misión. Cuando me di cuenta de que poner todo esto sobre mis espaldas era no solo imposible, sino también delirante, sentí que había fallado en lo único que daba sentido a mi vida.

Desde entonces, he ido reconstruyéndome poco a poco a mí misma y, en el proceso, reevaluando mi relación con el activismo y con el planeta que tan desesperadamente he intentado «salvar».

Pensar que nosotros, que hemos causado tanto daño a la naturaleza, seremos quienes salvemos el planeta, es una idea bastante curiosa. Es una idea que convierte el éxito o el fracaso humano en el centro de la historia, cuando seguramente aprenderíamos más si fuéramos más humildes y centráramos nuestra atención en la fuerza y la resistencia de la tierra. Nos hemos metido en este lío porque nos impusimos a la naturaleza, forzándola a satisfacer todos y cada uno de los deseos del consumidor. En lugar de cuidarla y respetarla, la hemos explotado hasta llegar a este punto de crisis medioambiental.

Hemos presionado tanto a nuestro planeta como a nosotros mismos, ignorando los límites naturales. En lugar de aprender de la tierra cómo descansar, sanar y regenerarnos, aplaudimos una humanidad separada y en dominio de la naturaleza. Quiero desprenderme de una visión tan arrogante del mundo. Quiero dejar de intentar controlar al mundo natural y también a otros humanos. Luchar contra las malas políticas es parte de una nueva historia que está echando raíces, pero para sanar no solo necesitamos luchar sino también que la tierra nos vuelva a encandilar.

Creo que el efecto calmante de la naturaleza en mi ajetreada mente es uno de los aspectos de mí misma a los que menos atención he prestado. Poco a poco estoy consiguiendo reavivarlo. Camino por el bosque y me siento a gusto. Cada vez me resulta más fácil escuchar al mundo susurrando: «Esto es todo lo que está sucediendo en este momento». Perdida bajo las ramas de los árboles no necesito nada y, en cambio, siento el poder curativo entre la tierra y yo.

He leído artículos sobre personas que hablan con las plantas. Su salud mental mejora y los datos demuestran que dichas plantas se fortalecen. Presto atención cuando distingo las plumas turquesa de un arrendajo o el pecho amarillo de un herrerillo común, y me parecen un regalo. Caminando por el bosque un día de invierno, la luz del sol se refleja en las pequeñas gotas de agua fría atrapadas en la vegetación y transforma mi camino en un muestrario de delicadas joyas. Cuanto más consciente soy de que formo parte de ellas, más me deleito en estas cosas. A nivel atómico pertenezco a la naturaleza y el alimento de la tierra está escrito en mi ADN.

Me gustaría volver a esta historia de pertenencia a la naturaleza toda mi vida. Es el comienzo de un activismo medioambientalista más sofisticado que limitarse a decir «no» en voz alta. Dejar atrás la era de los combustibles fósiles seguirá siendo necesario, pero fijarnos en la abundancia de la naturaleza puede servirnos de inspiración para discernir cuál podría ser la próxima fase de la evolución humana.

Construyendo las bases

Para que algo dure, necesita bases sólidas. Para que un negocio continúe aportando valor al mundo, tenemos que analizar su capacidad para inspirar y dar vida. Si queremos lograrlo, es necesario pasar de la idea de sostenibilidad a la idea de regeneración. Regenerar nuestra economía, nuestro medio ambiente y nuestra civilización es una forma de que nuestras empresas hagan el bien. Las bases de los negocios, ahora y en el futuro, deben fundamentarse en la regeneración, creando las condiciones necesarias para que toda vida prospere. Para mí, estas bases deben incluir belleza, naturaleza, biomímesis, diseño, valores y métricas, y gobernanza.

Belleza

El espíritu humano necesita belleza. Nos enriquece y nos eleva. La belleza es un conocimiento que se siente, nos conecta espiritual, intelectual, sensual y éticamente con cada parte de nuestras vidas. Encarna la idea de que podemos buscar el bien y manifestarlo en todo lo que creamos en este mundo. Algo que he aprendido desde que escribí *Diseña. Por qué la belleza es fundamental para todo*, es que el espíritu humano se esfuerza por obtener más belleza. La belleza es buena; que la belleza es parte vital de nuestro ADN es una verdad universal. Tal y como escribí en ese libro, las cosas bellas se preparan con amor e infunden optimismo. Básicamente transmiten que la vida vale y puede valer la pena. Pero ¿cómo puede la belleza ser un marco para los negocios?

Peter Childs, quien fue director fundador de la Escuela Dyson de Ingeniería de Diseño en el Imperial College de Londres, afirma que las escuelas de negocios tienen que recuperar la belleza. Cree que esta ofrece un marco diferente para nuestro mundo: «Hablamos de racionalidad, filosofías, estética y ascetismo. El concepto de belleza tiende a estar reservado para lo bello en la naturaleza. ¿Realmente podemos proponernos hacer algo bello? Es una aspiración digna. ¿Podemos enseñar diseño bello, ingeniería bella? Seguramente se parece a ¿podemos enseñar temas como la creatividad?».

Y continúa: «Bueno, está claro que podemos aumentar la creatividad, y lo que la gente ya está haciendo se podría aumentar y mejorar en términos de belleza, y sospecho que, con el tiempo, todo el mundo se animará, de manera que lo que están haciendo se podría volver realmente bello en cuanto a su impacto en la sociedad».

La belleza es, en esencia, un verbo, hacer. Yo hago. Así es como deberíamos ver la vida.

Climeworks es un ejemplo de esa idea de Childs según la cual hay todo un grupo de personas que buscan contribuir de manera positiva a nuestro mundo. El cambio climático es un desafío y una oportunidad. Necesitamos eliminar y almacenar diez mil millones de toneladas de dióxido de carbono al año. Calcularlo es fácil, pero la cifra es enorme. La tecnología de Climeworks extrae dióxido de carbono directamente de la atmósfera y lo utiliza para generar energía renovable o elaborar bebidas carbonatadas, o lo convierte en piedra y lo almacena a gran profundidad bajo tierra. Es una tecnología pionera y un negocio que permite tanto a individuos como a organizaciones contribuir a restaurar el clima y reducir el dióxido de carbono a través de un modelo de suscripción. Esto es economía regenerativa llevada a la práctica.

Everlane también pertenece a ese grupo de gente que trabaja por encontrar formas innovadoras de restaurar el equilibrio entre nuestra economía, nuestro medio ambiente y nuestra comunidad. Everlane vende ropa de origen sostenible. Fundada en 2011, cuenta con un millón y medio de clientes. «Hay que fabricar ropa que dure», dice Michael Preysman, CEO de Everlane. «Lo que hay que preguntar a los demás líderes es: ¿en qué lado de la historia quieres estar? Nosotros creemos que se puede ser ético y rentable.» La fábrica donde se hacen sus pantalones vaqueros recicla el 98 % del agua que utiliza (ver everlane.com).

Naturaleza

La naturaleza nos llama, porque somos parte de la naturaleza. Pertenecemos al mundo natural porque estamos hechos del mismo material molecular. No se trata de una idea romántica; está probado que nuestra relación con la naturaleza es fundamental para nuestra salud mental y nuestro bienestar espiritual: los espacios verdes, por ejemplo, son beneficiosos para la salud. Entonces, ¿por qué no proteger eso de lo que estamos hechos? Según la filosofía budista, ser cariñosos y amables es nuestra verdadera naturaleza. Necesitamos tener una visión más amplia.

Para mostrar a las personas la belleza de la naturaleza, les pido que cierren los ojos y se visualicen en una nave espacial. Desde la ventana pueden ver el sol, la tierra y la luna colgando en el vacío infinito. Sentado a su lado está el astronauta Edgar Mitchell, que les cuenta que la primera vez que vio nuestro planeta y los cuerpos celestes desde el espacio, una sensación de asombro o euforia invadió todo su cuerpo.

Les pido que imaginen a Mitchell mirándolos mientras explica que las moléculas de su cuerpo, de los de ustedes y las moléculas de la nave espacial se crearon en una estrella antigua: «Todos somos polvo de estrellas». Y prosigo relatándoles la historia del «efecto perspectiva» (*Overview effect*) que experimentan los astronautas. Se trata de un cambio cognitivo motivado por una profunda necesidad de proteger la Tierra y servir a la humanidad. Se dan cuenta de que no hay fronteras y somos una única especie. La Tierra es un planeta pequeño y frágil en esa enorme e infinita entidad que es el espacio.

Dejo por un instante que el silencio ocupe el espacio en el que nos encontramos. Pido a la gente que abra los ojos. La resistencia se ha disipado. En su lugar se ha abierto un camino que me permite hablar sobre la alegría que nos proporciona el mundo natural, cómo este fomenta el asombro y por qué sabemos que somos parte de su estado puro.

Entonces planteo la siguiente pregunta: si todos estamos hechos del mismo material, ¿cuál es nuestro papel en este mundo y cómo tenemos que actuar? Este ejercicio lo he hecho muchas veces. Al principio siempre es recibido con diferentes grados de escepticismo. Pero sirve para reconectar a las personas con la naturaleza. Es una forma de replantear y comprender nuestra conexión con el mundo natural, sin la cual no podemos ni respetar ni desear proteger nuestro frágil planeta.

Ver el mundo como profundamente interconectado es imprescindible, simplemente para comprender causa y efecto. Dado que estamos metidos en el tema de la creación, es vital que mostremos cuidado y respeto por lo que tenemos. Sin este replanteamiento profundo, nos podría resultar complicado abordar los desafíos del diseño y estaríamos menos predispuestos a buscar soluciones transformadoras para los problemas de fabricación, arquitectura y recursos. Nuestra imaginación podría ser menos proclive a los saltos creativos en el desarrollo de los productos y servicios que este mundo necesita.

Biomímesis

La naturaleza está llevando a cabo uno de los proyectos de Investigación y Desarrollo más largos e ininterrumpidos que existen. Ninguna compañía podría investigar a tan largo plazo qué hace que la vida prospere. Además, la naturaleza funciona en base al principio de regeneración, con un ecosistema complejo que sustenta toda la vida. Tiene sentido aprender de ese don de la naturaleza, pues ofrece una forma de entender los límites del crecimiento y cómo compartir recursos. Es en este punto donde las empresas pueden inspirarse.

La biomímesis consiste en aprender cómo se diseña a sí mismo el mundo natural y aplicar ese conocimiento a nuestra forma de cultivar, producir energía, fabricar productos, sanarnos y construir cosas. En su libro *Biomímesis*, la escritora especializada en ciencias naturales Janine Benyus describe los principios de la naturaleza: funciona con luz solar, utiliza solo la energía que necesita, adopta formas funcionales, lo recicla todo, recompensa la cooperación, aprovecha la diversidad, demanda experiencia local, frena los excesos y aprovecha el poder de los límites. Estos principios nos ayudan a pensar en los negocios de forma productiva, como filosofía y práctica. De esta forma, configuran las preguntas base sobre cómo operar una empresa, y permiten reinventar y restablecer el punto de referencia de lo que significa ser parte de un negocio.

Las empresas con visión de futuro aplican los principios de la biomímesis a su diseño, ingeniería, a sus cadenas de suministro y modelos de negocio. Pensemos en el productor de revestimientos de suelos Interface, que se planteó el objetivo de transformar su modelo de negocio para que fuera positivo para el clima a través del desarrollo de productos con emisiones de carbono negativas. El camino fue largo, pero su historia es importante porque demuestra que una empresa consolidada también puede emprender la transformación.

Geanne van Arkel, directora de Desarrollo Sostenible de EMEA (Europa, Oriente Medio y África) de Interface, explica: «Si queremos permanecer en el negocio a medio y largo plazo, no tenemos otra opción. Hemos elevado el listón y nuestro objetivo es ahora convertirnos en una empresa regenerativa. Todo el mundo debería aspirar a ello, de lo contrario, no hay belleza en lo que haces, ya sea vivir, trabajar o hacer negocios».

Otro ejemplo lo representa Bolt Threads, que produce dos materiales innovadores mediante procesos de producción que tienen como modelo la naturaleza: Microsilk, inspirado en las propiedades de la seda de araña, y Mylo, un material de cuero hecho de micelio, una parte de los hongos. La producción textil es la segunda mayor fuente de contaminación del planeta. Los materiales de Bolt se fabrican con menos residuos y menos recursos naturales para reducir ese impacto ambiental. Bolt plantea un mundo en el que no tengamos que esquilmar o contaminar nuestros bosques, océanos y ríos para aprovecharnos de sus secretos naturales. ¿Y si están llegando mejores tiempos para nuestro planeta?

Regenerando nuestro mundo

Garantizar que diseñamos maneras de poder medir la vuelta al equilibrio entre nuestra economía, nuestra ecología y nuestra comunidad también es nuestra responsabilidad. El equilibrio exige que nos ocupemos de la escalabilidad y el crecimiento. Tenemos que diseñar negocios escalables como ha previsto la naturaleza, en lugar de crearlos para un crecimiento infinito. Piensa cómo fluye el agua de una fuente, o de un manantial a un río y de un estuario a un océano; todos están conectados, todos son necesarios. El crecimiento debe ser circular, y recíproco.

Si al escalar tomamos más de lo que somos capaces de retornar, o si generamos sufrimiento, entonces no deberíamos forzar esa escalada del negocio. Si vamos a escalar, debería ser de manera que el crecimiento parezca ineludible y continúe creando abundancia en el mundo. ¿Nos necesita el mundo, y nos necesita aún más?

Liderando con generosidad

Al regenerar nuestro mundo, necesitamos un liderazgo enraizado en la sabiduría. Es un liderazgo imbuido de valores y que desea convertirse en un buen predecesor. Tu trabajo, crear un legado para generaciones futuras, es tu regalo al mundo. Enfocar el liderazgo como generosidad es el camino a seguir. Se trata de saber cómo alimentar culturas de trabajo alegres y crear un lugar donde las personas amen el trabajo que hacen. Las cosas hermosas solo se pueden hacer con amor.

Un líder bello asume toda la responsabilidad que le toca, desarrollando sus propias prácticas para restaurar y regenerar la economía y el medio ambiente. De lo contrario, ¿cómo liderar con generosidad, compasión y empatía?

La narración de historias

El liderazgo requiere que seas un buen narrador, avivando la imaginación de las personas e invitando a otros a beber de los más profundos manantiales de su creatividad. No nos engañemos, las palabras crean mundos; el lenguaje es generativo. Las historias tienen potencia, pues describen cómo podemos estar en el mundo. Podemos ver lo que representan, así como las ideas que contienen. Si mediante el relato no podemos retratar un nuevo destino que emocione, inspire y despierte un anhelo en las personas, nunca llegaremos allí. Pensemos en la crisis climática: todos estamos condenados. ¿Cómo te sientes? ¿Emocionado, motivado, listo para entregarte en cuerpo y alma a la tarea que tenemos por delante? Improbable. Pero ¿qué pasa si pensamos en el cambio climático como una oportunidad que nos ofrece los medios para repensar, rediseñar y rehacer nuestro mundo? Puede que algunos lo tachen de utópico, pero no podemos crear ni descubrir nada sin fe ni optimismo, ni siquiera en las condiciones más amenazantes.

Las historias que perduran contienen una verdad y un simbolismo irreductibles, impermeables al tiempo. Las narrativas nos llaman a escuchar. Dan forma a nuestras creencias. Las historias que contemos ahora deben describir nuestra búsqueda de la regeneración. Si nuestras historias no sirven de inspiración para convertirnos en quienes queremos ser, entonces también fallamos. Pero cuando triunfamos, nuestras historias inspiran el deseo por un mundo mejor, generando la capacidad de hacer grandes cosas, cosas que trascienden generaciones, e incluso siglos.

Hay ciertas actividades que, aunque no sean totalmente poéticas ni verdaderas, al menos sugieren una relación más noble y adecuada con la naturaleza. La apicultura, por ejemplo.

— Henry David Thoreau

Cómo enamorarse de la tierra

Cuando estemos listos para aprender, la naturaleza nos enseñará todo lo que necesitamos saber sobre cómo relacionarnos los unos con los otros, con la tierra y con nosotros mismos. Cuando estemos listos, la tierra nos mostrará cómo sanar.

La naturaleza moribunda crea nuevos ecosistemas. Los árboles muertos proporcionan hábitat, reciclan nutrientes, regeneran plantas, capturan carbono y mantienen el suelo húmedo. La naturaleza es exuberante y sus diferentes elementos danzan dentro de ella en armonía y reciprocidad. Cuando la naturaleza está al mando, todo es lo que es y exactamente lo que debería ser.

Por mucho que pensemos en cómo salir de ella, nosotros también somos criaturas naturales. Nos rebelamos ante ello, agobiados como estamos por nuestros inquietos cerebros. Hemos ejercido nuestro poder colectivo para dominarlo todo, incluida nuestra tierra.

Hay mucho que volver a aprender y recordar de la naturaleza. La tierra sigue siendo, incluso a día de hoy, tremendamente rica. Si dejáramos de malgastar, celebráramos la generosidad y condenáramos la codicia, un mundo de abundancia sería imaginable. No está tan lejos. El paso más grande para llegar ahí consiste en dejar de intentar someter la naturaleza a nuestros temores de escasez y, en su lugar, abrirnos a sus patrones de abundancia.

Adopta la visión a largo plazo

Los hábitos en los que estamos atrapados comienzan a parecernos callejones sin salida. La naturaleza se abre paso a través de ellos y nos proporciona prácticas curativas milenarias como la aceptación del cambio, la curiosidad, la interdependencia, la resiliencia y la paciencia. Todos podemos asemejarnos más al bulbo en invierno, aceptando y respetando las estaciones y confiando en la llegada de una nueva y hermosa vida.

Podemos tomar como referentes a la tierra y a aquellas personas que no han desvinculado su inteligencia de la sabiduría de la tierra. Durante miles de años, los pueblos indígenas han gestionado nuestro planeta. Según un artículo de *National Geographic*, estos pueblos constituyen menos del 5% de la población mundial, pero la tierra que habitan sustenta más del 80% de la biodiversidad mundial. Allá donde han vivido los pueblos indígenas, la naturaleza ha prosperado. Deberíamos escuchar su filosofía y amplificarla a través de todas nuestras culturas, ya sea en entornos urbanos o rurales. Necesitamos aprender de los pueblos indígenas para dejar de agredir a la biodiversidad y restablecer una relación equilibrada con nuestro planeta.

«El principio de la séptima generación» es una de las filosofías nativas americanas más repetidas. Se basa en la Gran Ley de Paz (*Gayanashagowa*) *Haudenosaunee* (iroquesa). Establece que las decisiones que tomemos sobre nuestra vida actual deben tener en cuenta cómo afectarán a las próximas siete generaciones. Si podemos ponerlo en práctica, seremos buenos cuidadores de la tierra, no solo en beneficio propio, sino también en el de aquellos que heredarán la tierra y los resultados de nuestras decisiones. Siete generaciones están a unos 140 años de distancia. Desde ahora y hasta entonces, innumerables personas tomarán innumerables decisiones, todas ellas en un intento de lograr una vida que valga la pena vivir.

La finalidad de todas estas vidas cambiará a medida que nuevas presiones entren en juego y las viejas se diluyan. Necesitaremos resintonizarnos cuidadosamente para orientar nuestras vidas en vistas al cuidado de esos futuros descendientes y aprender de las personas cuyos caminos son cauces de respeto por la tierra.

CAPÍTULO DIEZ

SUSTENTA

QUEDARSE EN CASA GENERA UNA ESPECIE DE LOCURA, SIEMPRE.

— Henry David Thoreau

Lo primero que noto es una voluta de humo que se eleva en el horizonte. Cuando me aproximo, oigo risas y, de más cerca, el crujido y crepitar de un fuego de leña. Es el olor, sin embargo, un ahumado cálido mezclado con algo sabroso que burbujea en una olla, lo que me lleva hasta allí.

Me arrodillo, avivo el fuego con un palo y remuevo el contenido de la olla. Es agradable y exhalo. Los demás notan mi presencia y empezamos a hablar más libremente; es bueno que te conozcan.

El sabor de lo salvaje, de lo antiguo, de lo bueno. Sabemos lo que es estar verdaderamente vivo.

Ingredientes

1 taza de granos de espelta
   o cebada
1 taza de lentejas
   (de cualquier tipo)
Un buen chorro de aceite
1 rama de canela
1 cucharada de semillas
   de comino
1 cucharada de semillas
   de cilantro
4 cebollas (2 rojas y 2 blancas
   está bien), picadas
½ cabeza de ajo,
   clavos machacados
3 pimientos rojos, sin pepitas
   y picados en trozos
   gruesos
1 pimiento verde sin pepitas
   y picado en trozos gruesos
2 latas de 400 gramos
   de tomate en trozos
1 lata de 400 g de frijoles
   escurridos y enjuagados
   con ayuda de un colador
2 pimientos habaneros
   (o similar)
1 taza de café negro fuerte
Un buen chorro de
   concentrado de tomate
3 cucharadas de azúcar
   mascabado
½ tableta de chocolate negro
   (yo pondría una entera,
   pero normalmente me
   acabo comiendo la mitad)
Sal y pimienta
Un gran puñado de cilantro
   fresco
Crema agria, para servir

Chili vegetariano «No puedo creer que no haya carne, ¡esto es increíble!»

Cuando vamos de camping en familia, por lo general el día anterior preparamos un gran chili, nos lo llevamos y lo calentamos mientras montamos el campamento. Lo mejor del chili vegetariano es que todos sus ingredientes son de bajo riesgo (sin carne) y casi todo el mundo lo puede comer. Es una comida relativamente barata y calórica para los que tienen hambre y, en una noche fría, hay pocos platos más reconfortantes. Además, la naturaleza no perecedera de los ingredientes convierte este chili en una comida ideal para el final del viaje, ya que no hace falta mantenerlo fresco. Advertencia: contiene frijoles. Sujeta bien esos cortavientos.

Comensales: suficiente para 6 personas
Tiempo: 30 minutos de preparación, más un par de horas de cocción lenta (pero cuanto más tiempo, mejor)
Fuego: bajo y lento
Utensilios: tabla de cortar, cuchillo afilado, colador, horno holandés o sartén grande y pesada con tapa, pinzas de metal, cuchara de madera, tazón grande, un trípode para colgar la olla sobre el fuego sería ideal

Elaboración

Remoja el grano y las lentejas en dos tazas de agua, cuanto más tiempo, mejor. Mientras tanto, coloca tu horno holandés a fuego medio-bajo y añade el aceite y las especias enteras. Agrega la cebolla picada y, una vez dorada, el ajo machacado. Suma los pimientos y deja que se pochen durante 5 minutos, removiendo de vez en cuando para que no se pegue (añade una pizca más de aceite si hace falta).

Ahora agrega los tomates en lata y los frijoles escurridos y enjuagados. Llena las latas de tomate con agua y viértela en el chili también. Añade todos los ingredientes restantes (excepto el cilantro), incluidos los granos y las lentejas y su agua con almidón. Remueve todo y tapa.

Regálate un café (bonus del cocinero). Remueve el chili de vez en cuando, comprobando el punto de los ingredientes y la temperatura de cocción, y asegúrate de que no se pega (añade más agua si hace falta).

Después de una hora aproximadamente, tu chili ya debería estar delicioso y espeso. Cuando los frijoles resulten fáciles de morder, el chili estará listo. Tú eres el que mejor sabe cómo te gusta.

Añade el cilantro picado y sirve con una gran cucharada de crema agria. También queda perfecto con un aguacate triturado, y va muy bien con el pan de maíz o unas patatas al horno.

Consejos

— Añade los pimientos habaneros enteros a la olla. Ve probando el chili: cuando el nivel de picante sea el correcto, puedes sacarlos.

— Para un sabor ahumado dulce algo más pronunciado, primero asa tus pimientos directamente sobre las brasas, dándoles la vuelta con unas pinzas de metal. Una vez que la piel esté carbonizada y negra por todas partes, deja que se enfríen en una gran ensaladera cubierta con film. Pasados de 5 a 10 minutos, las pieles carbonizadas se desprenderán fácilmente. Quita las semillas y continúa.

— En casa nos encantan los *wraps* de tortilla, cortados en triángulos grandes y fritos en un poco de aceite hasta que quedan crujientes. Sirven de sabrosa pala para introducir el chili en el boca. Las pieles de patata crujientes también son ideales.

— Prepáralo en casa, congélalo y llévatelo así. Mantendrá los otros alimentos perecederos frescos a medida que se descongele.

— Este guiso mejora con el tiempo, así que, si quieres aprovechar al máximo el tiempo con las personas que te acompañan, prepáralo el día anterior. Llega con hambre, calienta y sirve. Cocina silvestre sin pérdida de tiempo.

Cocina silvestre y rápida

¿No tienes tiempo? ¿No tienes ninguna habilidad culinaria?
Prueba cualquiera de estas recetas rápidas para cocinar a fuego vivo:

Mejillones
Llévate una bolsa y simplemente pon los mejillones sobre brasas calientes. Retira con pinzas y añade un chorrito de limón.

Patatas
Pon las patatas en el fuego, cúbrelas con las brasas y déjalas ahí durante una hora. Mantequilla derretida + queso = festín.

Mazorcas de maíz
Con hojas incluidas, métalas debajo de las brasas durante 15 minutos. Mantequilla, sal, mordisco, mordisco.

Marshmallows
Tuesta *marshmallows* gigantes hasta que estén dorados, luego haz un sándwich con galletas de chocolate. ¡Vamos!

Palomitas de maíz
Envuelve el maíz sin apretarlo en papel de aluminio, ponlo en el fuego, cuando esté listo lo oirás.

Cómo iniciar una conversación

Hace un tiempo tenía una taza con frases para entablar una conversación que me había hecho mi amiga Alice Hodge. Siempre aportó buenos temas de conversación y se me ocurrió que mi libro, Do Wild Baking, podía servir para algo similar. Una oportunidad para entablar conversaciones más allá de las recetas. Así que hice una publicación en redes sociales y estas son algunas de las respuestas que me llegaron (¡gracias!), más un par mías. Y algunas de la taza.

— ¿Quieres beber algo?
— ¿Dónde creciste?
— ¿Cuál es tu olor favorito?
— ¿Preferirías ser un pájaro o un pez?
— ¿Qué has visto últimamente que te haya gustado?
— ¿Qué da sentido a tu vida?
— ¿A qué te comprometes?
— ¿Qué te apasiona?
— ¿Qué es lo último que encendió realmente tu corazón, y cuándo?
— Si pudieras viajar a cualquier lugar, en cualquier momento de la historia, ¿a dónde irías, con quién y por qué?
— ¿Cuál sería tu última cena, dónde y con quién (vivo o muerto)?
— ¿Qué harías si no tuvieras miedo?
— ¿Qué harías si supieras que no puedes fallar?
— ¿Cómo sería el futuro si las cosas fueran a tu manera?
— Si pudieras vivir tu vida de nuevo, ¿qué harías? ¿Qué harías de manera diferente? (No se acepta «nada» como respuesta.)
— ¿Qué harías si ganaras la lotería?
— Si supieras que vas a morir en cinco años o en seis meses, ¿qué harías con ese tiempo?
— Si tu vida fuera un libro, ¿cuál sería la historia? ¿Sería un éxito de ventas?
— Si pudieras escribir el discurso de tu funeral, ¿qué diría?
— ¿Quieres beber algo más?
— ¿Eres feliz?
— ¿Qué desayunamos?

INSTRUCCIONES PARA VIVIR LA VIDA: PRESTA ATENCIÓN. SORPRÉNDETE. CUÉNTALO.

— Mary Oliver

Volver a casa

Nos encanta volver a casa. Nos encanta lo acogedoras que resultan las cosas pensadas, la intención en ellas y, por supuesto, el buen estilo. Nos encantan esos lugares desgastados donde dejamos nuestros zapatos, las correas del perro y los bolsos y mochilas. Ahí nos desprendemos del peso del día a la vez que de nuestras pertenencias. Echamos un vistazo a esas fotos de fotomatón enmarcadas en la pared, a ese palo cubierto de líquenes sobre la mesa de café, recuerdo de un paseo del fin de semana pasado, a los claveles de aire que visten el alféizar de la ventana. Dejamos que la familiaridad se abra camino y sentimos una ola de tranquilidad y gratitud por un espacio que hemos creado y que se adapta perfectamente a nosotros. Nos reconforta saber cuál es nuestro rincón favorito para acurrucarnos. Un espacio que es nuestro, donde nos sentimos a gusto.

Nuestro espacio y estilo son una extensión de nosotros mismos. Se puede aprender mucho de una persona al entrar en su casa. Carácter, personalidad y practicidad se dan la mano. Estamos intrínsecamente ligados a los espacios que habitamos. Nos afectan a nosotros y a quienes nos rodean. Modifican cómo nos movemos en nuestro día a día. Dotar de estilo a un espacio comienza por cómo queremos vivir en él y, básicamente, cómo queremos vivir.

El hogar es donde echamos raíces y nos conectamos con nosotros mismos y con nuestras familias, compañeros, animales incluso. Es un espacio para rejuvenecer y crecer. Un refugio para lo que amamos y para quienes amamos.

Un lugar para lo que recopilamos; los objetos que vamos recogiendo por el camino, esos que tejen el tapiz de nuestras historias y memorias.

Rodearte de cosas que te aportan alegría, y arraigo, crea una sensación y un espacio para la serenidad y la conciencia. Necesitamos crear un lugar en el que nuestros sentidos cobren vida y descansen. La dirección postal de nuestra vivienda cambia y los gustos evolucionan, pero nuestros hogares siempre deberían ser un santuario.

Puede que vivas en un granero, una cabaña, un piso en la ciudad o incluso un barco. El tamaño no determina lo que sientes en un espacio. La creatividad y la atención no terminan donde lo hace tu espacio personal, pero es un buen lugar para comenzar. Crea un espacio que contenga las cosas que necesitas para pensar más libremente y expresarte abiertamente. Donde puedas relajarte, meditar, entretenerte, leer y trabajar. El bienestar comienza donde duermes, comes y vives. Esta es nuestra guía para ayudarte a crear un lugar así.

Menos ruido, más Tierra; menos casa, más hogar.

Estudia la naturaleza, ama la naturaleza, mantente cerca de la naturaleza. Nunca te fallará.

— Frank Lloyd Wright

Interiorizar lo que hay fuera es parte fundamental de nuestro estilo. No solo porque se trata de algo hermoso, porque aporta textura y tonos fantásticos, sino porque nos mantiene con los pies en la tierra y conectados a ella. Rodearnos de y diseñar con la belleza del exterior hace que seamos más felices, estemos más sanos y más tranquilos. Al percibir los colores, la estructura y el crecimiento de la flora e incorporarlos a nuestros espacios, podemos cultivar algo más que la creatividad. Podemos cultivar estilo.

Puede que no le guste a todo el mundo, pero nuestro estilo proviene de la naturaleza. Nos encanta recoger plumas, piedras y conchas. No podemos parar de colocar vainas de semillas en recipientes y ramas en estantes, colgar palos de techos y paredes. Hacemos lámparas con abedules caídos y raíces de árboles. Los tocones nos sirven para fabricar mesas auxiliares y son perfectos como asientos al aire libre. Al crear el estilo de un espacio, lo hacemos con el amor a la naturaleza en mente. Es, realmente, un hábito un poco loco. Trabajamos para introducir la naturaleza en un espacio, sin desbordarlo. Estar al aire libre y encontrar formas de diseñar productos y espacios que lo reflejen es nuestra inspiración.

Esta es la cosa primera, más sabia y más salvaje que conozco: el alma existe, y está hecha enteramente de atención.

— Mary Oliver

Los detalles pueden parecer insignificantes, pero en gran parte constituyen lo que convierte tu casa en un hogar. Cuando las cosas tienen un buen estilo, los detalles son una declaración de principios, los que hacen que tu espacio sea algo único. Ellos lo definen. Los detalles son los que despiertan un recuerdo o marcan la diferencia. Es lo que hace que la gente reaccione y recuerde.

Los detalles no comienzan y terminan con una buena selección de obras de arte o piezas de diseño. Es todo lo que hay en medio. Viene del *prutsen*, es decir, de «perder el tiempo». Es el cómo y el por qué. Cuando comienzas a fijarte en cada una de las partes de un objeto —y en cada estancia como una oportunidad para la belleza—, empezarás a sentir que tu espacio está lleno y es, incluso, necesario. Es la alegría que te proporciona el pequeño plato para los anillos junto al fregadero que te regaló tu mejor amigo, o el destornillador de madera de tu abuelo en la caja de herramientas. No es solo una pila de libros; es la selección de los títulos que amas y quieres mostrar, y la pluma que usas como marcapáginas para señalar tu pasaje.

Detalles como estos contienen sentimientos e historias. Son las cosas que llenarán tu espacio, que te atraerán y harán que te quedes quieto. Cuando diseñas con un propósito, con una razón de ser, estás dedicando una mayor consideración a tu hogar y a tu vida. Prestar atención es algo inherentemente creativo. Estás otorgando a tus cosas un sentido de pertenencia y un lugar al que pertenecer.

Danielle: Tengo un palo que ha ido conmigo a todos los lugares en los que he vivido. Es un bastón que talló mi padre durante una acampaba hace más de veinte años. Es sencillo, casi totalmente recto, y no tiene mucho más aparte de que está colgado en la pared. No tiene ningún detalle intrincado ni dice demasiado, pero ha sido la pieza central de mi hogar desde que tengo memoria. De la misma manera que la memoria de mi padre que vive en él, sin duda se trata de la pieza central de mi vida. En esto consisten los detalles: cosas que no solo aportan algo al ambiente de tu hogar, sino al sentimiento de tu vida.

Sue: En mi escritorio tengo una pluma hecha a mano. Me acuerdo perfectamente del herrero que la hizo y de los momentos mientras la hacían hasta que me la entregaron. Me transporta en el tiempo hasta aquel día. Me recuerda la bondad. Estos pequeños detalles y objetos son, generalmente, los que me transmiten las mayores alegrías y me despiertan los recuerdos más dulces. Son las cosas y los sentimientos de los que tomo nota cuando entro en el espacio de otra persona. Hacen que prestar atención valga realmente la pena.

Como sucede con una nota escrita a mano, tomarse el tiempo y el esfuerzo extra de dotar de estilo a nuestros espacios es algo que no pasa desapercibido. Al determinar qué es necesario, qué piezas son las que te hacen disfrutar y priorizar lo que te importa, tu hogar y tus objetos tienen sitio para brillar y respirar.

En algún momento de la vida, la belleza del mundo se vuelve suficiente.

— Toni Morrison

Al mirar a tu alrededor, las historias deberían brotar de cada estante y la reflexión debería asomar en cada esquina. Tu estilo debería empezar a sentirse intencional. Con un poco de suerte, la reflexión y la creatividad se van convirtiendo en características dominantes de tu espacio.

La belleza enciende cosas. Para ser mejor, esfuérzate más, mira más allá. En el proceso de habitar tu espacio y arreglarlo de manera que refleje quién eres y quién quieres ser, recuerda que tú también estás en constante evolución. Tu hogar es un lugar de reunión para fomentar el crecimiento, las ideas, el cambio y la belleza. Existe para facilitar las relaciones y la creatividad. Está destinado a nutrir, reponer, proteger. Es una recolección de momentos, historias y artefactos.

Prestar atención a lo que buscas, a lo que te llama la atención y a lo que te hace feliz son los pasos hacia una vida más plena. Si siempre buscas y lo intentas, tu hogar, sin duda, reflejará tus esfuerzos. Vivir una vida creativa y meditada empieza por prestar atención y cuidar cada espacio de la casa.

Cuando cada rincón de tu hogar está meditado, esto se extenderá inevitablemente a todos los rincones de tu vida. Lo que a menudo falta como base para crear un espacio hermoso es estilo. A medida que vayas dando con el tuyo, pensando en lo que falta y llenando tus espacios con cosas que tengan significado para ti, esperamos que encuentres alegría y gratitud por toda la belleza que estás introduciendo. El estilo, como la mayoría de las cosas, llega con la práctica. Sigue practicando. Sé paciente. Presta atención. *Prutsen.*

No despilfarres, no ansíes

Recientemente, una investigación financiada por el gobierno del Reino Unido reveló un hecho impactante: más del 30 % del pan que se produce en el país se tira a la basura, gran parte de él, todavía en su envoltura.

Dejando de lado lo que esta triste estadística nos revela sobre la relación entre lo barata que es la panadería industrial y lo poco que se valora, parte del problema puede residir en una percepción sesgada de lo que es frescura y una aversión cultural al envejecimiento. Casi todos los panes industriales están mezclados con enzimas sintéticas para mantenerlos tiernos durante días o semanas. Si cada rebanada es igual de «fresca» que la otra, la única manera de adivinar su edad real es consultando la caducidad. Así, la confianza en nuestra propia experiencia sensorial se ve socavada por la dictadura de las fechas y un miedo irracional a la putrefacción.

En contraste, el panadero de masa madre entiende el paso del tiempo como un factor indispensable para la calidad y el placer del pan.

Sin el tiempo, la fermentación de la masa madre no significa nada. Y yo diría que el placer que encontramos en el pan horneado es unidimensional (si no ilusorio) si excluye cualquiera de las fases entre el pan recién horneado y el pan rancio.

Incluso el cultivo de masa madre, que acostumbra a crecer sin control y amenaza con desbordar el envase en el que se encuentra, no es para nada un producto de «desecho». Así que nunca tires ningún excedente, úsalo en su lugar (sin importarte cuán viejo y agrio esté) en pequeñas cantidades —hasta el 10 %— para cualquier pan con levadura, en el que los subproductos ácidos darán sabor y reforzarán la masa, y probablemente la mantendrán húmeda más tiempo.

Todo es cuestión de definición. Si conseguimos el pan correcto, no lo podemos desperdiciar, porque es útil y se puede aprovechar durante todo su ciclo vital. ¿Y qué podría ser más importante para la vida moderna? Si realmente estamos demasiado ocupados para hacer pan, y tampoco podemos acercarnos a la tienda de la esquina, vamos a aprovechar lo que nos queda lo mejor que podamos.

Aquí propongo, como homenaje al benigno papel del tiempo en la cocción con masa madre, «los siete días de pan». Observa cómo de la gradual maduración de un pan horneado obtenemos una semana de diferentes y deliciosos usos.

Tan pronto como se hornea y se enfría, comienza el proceso de «endurecimiento». Poco a poco, los almidones se endurecen y la miga húmeda se seca. En los panes de masa madre, el sabor se vuelve más pronunciado y «maduro». Con cada cambio se da una nueva adaptación a lo que el pan puede ofrecer.

Estas son, por supuesto, simples sugerencias, y bastante obvias. Estoy seguro de que se te ocurrirán más y mejores ideas.

LOS SIETE DÍAS DEL PAN

DÍA 1

Fresco

Recién salido del horno. No hace falta mantequilla (pero sí un poco de autocontrol). Perfecto.

DÍA 2

Bocadillo

Todavía tierno, pero suficientemente firme para aguantar algo de relleno.

DÍA 3

Tostada

Se está secando. El tueste hace que la parte de fuera se vuelva crujiente y suaviza los almidones de la capa interna de la rebanada (a menos que te pases). Mejor comer templado, no caliente.

DÍA 4

Bruschetta

Bastante seco, pero no «rancio». Tostar ligeramente, cubrir con pimientos, cebollas, aceitunas, queso de cabra, etcétera, y terminar con un toque de grill en el horno.

DÍA 5

Panes crujientes

Aún más seco. Cortar finamente con un cuchillo de pan, colocar en una bandeja para hornear y secar en el horno a temperatura muy baja hasta que esté completamente crujiente. Ideal para panes de masa fermentada que han subido poco o han salido feos.

DÍA 6

Croûtons o picatostes

Duro como galletas. Cortar en cubos de 1,5 cm y freír en un poco de aceite de oliva (intentarán absorber mucho) hasta que tomen un poco de color. Enfría, guarda y usa en otro momento, o simplemente mezcla en una ensalada verde.

DÍA 7

Pan rallado

Es probable que comience a agrietarse un poco a medida que el interior se seca y se encoge. Ralla, ya sea a mano, con un rallador de queso grueso o en un robot de cocina. Embolsa y congela. O mezcla con un poco de aceite de oliva para cubrir unas verduras salteadas.

Cultiva tus propios alimentos

Las personas que cultivan sus propios alimentos con frecuencia tienen muchos conocimientos. Abundan por ahí jardineros y propietarios de parcelas expertos en la materia, pero todos podemos intentarlo. Cultivar alimentos es algo que hemos hecho durante miles de años y que todos somos capaces de hacer.

Cuando me mudé de la campiña galesa a la ciudad, me di cuenta de las dificultades a las que se enfrentan los habitantes de entornos urbanos, la principal de las cuales es el espacio. Con mi agudo ojo de jardinero detecté malas hierbas brotando de grietas en el suelo, hierba en los balcones de los bloques de viviendas y plantas de tomate que crecían frente a los portales. Me recordó todo lo que podemos llegar a cultivar incluso en los espacios más pequeños.

En primera instancia, para tener una idea de tus opciones de cultivo y del espacio que tienes disponible, pregúntate lo siguiente:

¿Qué tamaño de contenedor cabe en mi espacio?
— ¿Una simple maceta?, ¿una jardinera de ventana?, ¿un huerto elevado?

¿Qué condiciones ofrece mi espacio?
— ¿Está protegido del viento?
— ¿Recibe mucho sol?
— ¿Hay agua cerca?

¿Tengo un suelo adecuado?

En general, a menos que hayas tenido la suerte de heredar un cuidado huerto elevado o una parcela llena de compost bien oscuro y rico en lombrices, ¡vas a tener bastante trabajo! Lo más probable es que el suelo que te encuentres tenga uno o varios de los siguientes problemas: rocas, tierra apelmazada, estancamiento de agua, compactación, grietas, manto de malas hierbas.

Si el suelo no se cuida, sufre, sobre todo si no se cultiva. Los principales problemas son la compactación, la erosión y la baja fertilidad, causada por no reemplazar la materia orgánica que se extrae con la cosecha.

Recuerda la ley del retorno. Tras la cosecha, no olvides reconstituir el suelo con una buena cantidad de compost de calidad. Aprovecha la profundidad del suelo al máximo, así como el área. De hecho, un espacio pequeño puede ser hasta una bendición, ya que te ves obligado a utilizar tu energía de manera eficiente.

Nutrir un área pequeña en lugar de preocuparte por ocupar la tierra te permitirá mejorar el suelo y, a su vez, tu cosecha.

Así, lo pequeño puede ser intensivo, productivo, sostenible y hermoso.

Calabacines

Me encantan las plantas de calabacín. Sus grandes hojas estilo Gauguin ofrecen protección contra las malas hierbas y son fáciles de cultivar. Hay una única dificultad, y es de las que me gustan: cómo comerlos todos.

Yo cultivo siempre variedades diferentes, que dan calabacín amarillo, rayado y el tradicional y elegante verde oscuro. Las plantas de calabacín pueden necesitar bastante espacio, ¡pero vale totalmente la pena! Prueba el fruto en diferentes tamaños. Su textura es más firme cuando son pequeños. Si se recogen tarde, se vuelven grandes y se pueden cocinar solos, rellenos o convertirlos en mermelada o *chutney* de calabacín y jengibre.

Los calabacines producen flores maravillosas y comestibles. Frágiles y hermosas, se mueren cuando las tocamos, razón por la que raramente las encontramos a la venta. Quedan muy bien rellenas y después fritas, o simplemente cortadas en tiras para dar color y un toque delicado a las ensaladas.

Método de siembra

Siembra en macetas de aproximadamente 30 cm de diámetro (o lo suficientemente grandes como para albergar al menos dos puñados de compost para macetas).

Condiciones y calendario

A cubierto de abril a principios de junio.

Trasplante

Calendario

Desde mediados de mayo.

Distancia

Unos 70 cm entre planta y planta.

Cosecha

De junio a principios de octubre.

Consejos

— Siembra las semillas de manera que queden colocadas verticalmente en el suelo. Esto reduce la posibilidad de que se pudran antes de la germinación.

— Si se plantan en un mayo particularmente frío, a las plantas les va bien cubrirlas con un vellón hortícola.

Resolución de problemas

— A partir de agosto, las hojas pueden sufrir de oídio. No te preocupes, ya que continuarán produciendo frutos, pero si es severo, basta con podar las hojas afectadas.

— Aunque resistentes, los calabacines son plantas exóticas a las que no les gusta el frío. La producción disminuirá y las plantas morirán tras las primeras heladas otoñales. Déjalas como cubierta vegetal para que se descompongan durante el invierno.

— Una vez plantados los calabacines, yo siembro abono verde como trébol blanco o trifolio debajo de ellas. Basta con esparcir las semillas sobre el área, regar y compactar.

Amigos del alma

— Aceite de oliva, sal, pimienta, queso de cabra, albahaca, ajo.

Pepinos

Los pepinos pertenecen a la misma familia que los calabacines, por lo que se pueden cultivar de manera similar. Son, como los calabacines, plantas exóticas y necesitan calor para germinar y sobrevivir. Les gustan las condiciones húmedas y con protección, razón por la que crecen mejor bajo cubierta, idealmente en un invernadero. De lo contrario, asegúrate de que eliges una variedad para exterior.

Los pepinos son prolíficos y producen grandes cantidades de frutos a partir de unas pocas plantas. Consumidos frescos, son una buena fuente de vitamina C y otros minerales beneficiosos para la salud. El pepino es delicioso y muy versátil, y va bien con queso, carnes y pescados.

Consejos

— Los frutos se componen principalmente de agua, ¡por lo que necesitan mucha mientras crecen!

— Aumenta la cantidad de agua a medida que avanza la temporada.

— Las variedades de vid pueden alcanzar una gran altura, por lo que necesitarán cañas o cuerdas como soporte para crecer. Si la planta llega hasta arriba, la podemos volver a guiar de nuevo hacia abajo.

— Intenta comprar variedades F1 híbridas de interior, todas femeninas, para obtener un rendimiento constante.

— Comprueba que todas las variedades que has elegido son femeninas. En caso contrario, retira las flores masculinas (aquellas sin fruto) ya que, si polinizan las femeninas, el fruto resultante será amargo.

— Los tallos del pepino son frágiles, por lo que se pueden romper fácilmente.

— Ten especial cuidado al recolectar los frutos para no dañar la planta. Yo prefiero usar un cuchillo. Si los pepinos crecen demasiado, se volverán duros, pero aun así, se pueden pelar o encurtir.

— Los pepinos de exterior tienen una piel más dura y con más bultos, y también quedan bien encurtidos.

— La planta de eneldo es una buena compañera para repeler los ácaros rojos, que son propensos a atacar a los pepinos.

Resolución de problemas

— Cuando son pequeñas, las plantas de pepino son vulnerables a las babosas, pero cultivarlas a cubierto debería ofrecer suficiente protección.

— A finales del verano, el oídio tiende a cubrir la parte inferior de las hojas más grandes. Si las retiras, las plantas generalmente continuarán dando frutos.

— Las hojas de consuelda picadas, mezcladas con agua y reposadas unas semanas, producen un «té» rico en potasa que se puede diluir para regar y dar nuevo impulso a las plantas.

— El color amarillento en las hojas inferiores y pequeñas telarañas son un signo de araña roja. Si se consolida, compra *Phytoseiulus* (un ácaro que se alimenta de la araña roja).

— Bajo la planta de pepino, y de todos los tipos de calabaza, se puede sembrar un lecho de trébol blanco o trifolio.

Amigos del alma

— Eneldo, sal, pimienta, aceite de oliva, queso feta, vinagres, yogur, menta.

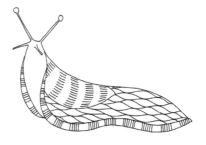

Relish de calabacín

La mayoría de las personas con huerto que conozco pasan una o dos semanas en verano viendo cómo las cosas, simplemente, hacen ¡BUM! Los calabacines parecen ser una de esas plantas que producen en abundancia y de golpe. Esta receta es fantástica para aprovechar la sobreproducción, y también funciona con calabacín grande en lugar de pequeño. A mí me gusta esta salsa en trozos grandes, así que corto las verduras en cubitos, pero también puedes rallarlas o pulverizarlas con un robot de cocina si prefieres una textura más fina.

Ingredientes
Para aprox. 1 litro y ¾
—

1 kg de calabacines cortados en cubitos
1 cebolla grande cortada en cubitos
1 cucharadita de sal
500 g de pimiento verde cortado en cubitos
750 ml (3 tazas) de vinagre de sidra de manzana
150 g de azúcar moreno claro
1 cucharadita de cúrcuma
2 cucharaditas de semillas de apio

Se mantendrá en buenas condiciones durante seis meses en un lugar fresco y oscuro. Una vez abierto, conservar en la nevera y consumir en un plazo de dos meses.

Elaboración

Coloca los calabacines y la cebolla en un colador, espolvorea con sal, mezcla con las manos y colócalo sobre un tazón durante una hora para drenar parte del exceso de líquido. No hace falta enjuagar la sal después.

Coloca todos los ingredientes en una cacerola grande y lleva a ebullición, removiendo de vez en cuando para disolver el azúcar. Una vez que hierva, baja el fuego y cocina a fuego lento durante 30 minutos.

Coloca la mezcla, a temperatura de ebullición, en frascos esterilizados calientes, golpea la parte de abajo con el mostrador de la cocina para llevar las burbujas de aire hacia arriba y sella inmediatamente.

Pepino encurtido

En Estados Unidos, los clásicos pepinillos de pan y mantequilla (conocidos como pepinillos encurtidos en el Reino Unido) tienen un toque picante y son dulces en lugar de agrios. A mí me gustan más los agrios porque crecí con la versión alemana, llamada Senfgurken (pepinos en mostaza). Esta receta combina lo mejor de ambos mundos: picante, agrio y un poco dulce. En lugar del habitual azúcar utilizo miel. Es excelente con queso y embutidos para un almuerzo sin complicaciones.

Ingredientes

Para aprox. 1,5 litros

—

- 1 kg de pepinos (2 grandes aprox.)
- 100 g de chalotas (4 aprox.)
- 3 cucharaditas de sal
- 1 cucharadita de semillas de apio
- 2 cucharaditas de semillas de mostaza
- ½ cucharadita de chile en escamas (opcional)
- 1 cucharadita de semillas de cilantro
- 4 hojas de laurel
- 1 cucharadita de cúrcuma
- 500 ml de vinagre de sidra
- 150 ml (⅔ de taza) de miel

Se mantendrá en buenas condiciones durante seis meses en un lugar fresco y oscuro. Una vez abierto, conservar en la nevera y consumir en un plazo de dos meses.

Elaboración

Pela los pepinos y córtalos por la mitad a lo largo, quita las semillas con una cuchara. Corta las chalotas por la mitad y luego en rodajas finas. Coloca ambos en un colador sobre un tazón, espolvorea con sal, mezcla con las manos y deja escurrir durante dos horas.

Enjuaga el pepino y las chalotas en agua fría para eliminar la sal. Mezcla el resto de los ingredientes en una cacerola grande y lleva a ebullición, removiendo para disolver la miel. Añade los pepinos y las chalotas, baja el fuego y cocina durante 5 minutos, sin que llegue a hervir.

Envasa en frascos esterilizados en caliente (pon una hoja de laurel por frasco) y sella inmediatamente.

Sigue cultivando

Gran parte de la sociedad moderna considera que trabajar la tierra está muy alejado de todo lo que es cultural y creativo. Con la industrialización, el monocultivo ha reemplazado la diversidad, las máquinas han reemplazado a las personas y cada vez estamos más distantes de la tierra que nos mantiene. Es un sistema eficiente pero que puede tener muchos costes ocultos.

A veces, el trabajo que requiere es duro y podemos desanimarnos antes un sistema que no aprecia el resultado, pero hay otra cara de la moneda. Esos momentos de asombro ante la belleza que te rodea; el privilegio de poder observar los detalles de la naturaleza. He descubierto que mis mejores pensamientos emergen cuando trabajo a ritmo constante en algún lugar en medio del campo. Existe la idea generalizada de que eliminando los trabajos duros y repetitivos conseguiremos liberar a los humanos para que se conviertan en seres más felices, intelectuales y creativos. Obviamente, existe una relación, pero el trabajo físico puede dar lugar al compromiso, y el compromiso es fundamental en nuestra experiencia vital. Si realizo trabajos físicos, duermo bien, tengo apetito y mis preocupaciones se desvanecen.

La agricultura es la piedra angular de la civilización humana y no creo que deba verse como algo separado de nuestra vida cerebral. No estamos separados de la naturaleza. La comida es un punto donde los humanos se conectan.

Una nota sobre los métodos orgánicos

Cuando nos mudamos a Gales, mis padres querían desarrollar un sistema de cultivo que cuidara la tierra y reciclara los recursos tanto como fuera posible. De esta manera, sería sostenible para el futuro. Como resultado, tanto ellos como otras personas definieron algunos estándares para lograr que esto se hiciera de una manera visible. El movimiento de agricultura orgánica intentaba que las personas tuviéramos control sobre cómo cuidamos el medio ambiente y qué comemos. En esencia, este modelo dio lugar a lo que hoy conocemos como el estándar orgánico.

Lo que introducimos en nuestra tierra afecta lo que introducimos en nuestros cuerpos. Mis padres se dieron cuenta de que el suelo era fundamental para mantener la salud del conjunto. Independientemente de la apariencia adoptada por lo orgánico, yo siempre vuelvo a esta interconexión entre suelo, cuerpo y medio ambiente. Para comprender el mundo que nos rodea tendemos a descomponerlo, pero al hacerlo corremos el peligro de acabar por no entender nuestra relación con él en el sentido más amplio, ni cómo nos interconectamos.

El suelo es un recurso al que estamos conectados de manera fundamental. Es la fuente de casi todos nuestros alimentos. Hay que mantener el suelo fértil de manera que lo protejamos para el futuro. Nutrir el suelo mediante fertilizantes químicos nitrogenados es una práctica totalmente insostenible de la que nuestro sistema agrícola convencional depende demasiado. Contamina y consume las reservas mundiales de petróleo a un ritmo acelerado.

El cultivo orgánico consiste en cuidar el suelo como un todo, en lugar de aplicar soluciones rápidas para aquellas cosas que no funcionan bien o que causan enfermedades. El suelo necesita nutrirse, de lo contrario se puede dañar o incluso echarse a perder debido a la compactación, la contaminación, la erosión o la salinización. En el Reino Unido nos arriesgamos a perder cinco toneladas de tierra vegetal por hectárea al año debido a la forma en que cultivamos. Esto significa desperdiciar las reservas de suelo, un legado que tardó miles de años en crearse. Estamos agotando un regalo que no nos pertenece únicamente a nosotros.

El otro secreto que guarda nuestro en apariencia humilde suelo es que es un enorme sumidero de carbono, que captura más, incluso, que nuestros océanos. Cultivar el suelo provoca la oxidación del carbono, lo que contribuye al cambio climático. Los sistemas orgánicos intentan minimizar la liberación de carbono y, en cambio, se centran en devolverlo al suelo (en forma de materia orgánica: compost y plantas). De esta manera podemos frenar el cambio climático y, al mismo tiempo, mejorar la estructura y la fertilidad de este recurso vital. Todo esto puede sonar un poco complejo y quizá estés pensando: «¿Qué tiene esto que ver conmigo y con un pequeño huerto?». En realidad, se trata de ser conscientes de cuál es nuestro papel en un sistema más amplio, y podemos hacerlo desde cualquier lugar. Si cosechamos alimentos en nuestros huertos, podemos cumplir con la ley del retorno. El compostaje de residuos orgánicos los convierte en algo útil.

Aunque cada vez estamos más distanciados de la fuente de nuestros alimentos, comprar comida orgánica certificada es una forma de recuperar control sobre los sistemas que queremos respaldar. *Orgánico* es un término legal —a diferencia de *fresco*, *local*, etcétera—, por lo que está regulado. Sin embargo, esta necesidad de regular los alimentos «orgánicos» también es, en parte, síntoma de que hemos aceptado cierta desconexión respecto de los alimentos que consumimos.

Todos podemos reconectarnos y resistirnos a esta separación forjando conexiones más directas con granjas y agricultores locales y a través de la forma en que compramos. O cultivando nosotros mismos.

Lo bonito de un mercado de agricultores, de las cestas a domicilio y la agricultura comunitaria es que puedes hablar directamente con los productores, hacerles preguntas e incluso visitar las fincas. Comparto la opinión del Sr. Woody Guthrie: «Esta tierra es tu tierra, y esta tierra es mi tierra». Todos somos responsables y tenemos más poder de lo que creemos. Gestionamos la tierra con las decisiones que tomamos cada vez que comemos.

LOS 10 MANDAMIENTOS DE UN HORTICULTOR

1 **La diversidad genera salud**

2 **La diversidad genera resiliencia**

3 **Recuerda la ley del retorno** — compost y ciclo de fertilidad

4 **Piensa en el futuro** — invierte en el suelo y siembra para la próxima temporada

5 **Observa la naturaleza** — aprenderás mientras «haces»

6 **Usa lo que tienes** — utiliza los desechos y los recursos que tienes a tu puerta

7 **Adáptate a tu contexto** — tanto a sus ventajas como a sus desventajas

8 **El agua es vida** — intenta aprovechar y preservar este preciado recurso

9 **Nutre tu suelo** y él te nutrirá a ti

10 **La comida es el camino al corazón de las personas**

EPÍLOGO

La cosa más natural del mundo

Improvisar es lo más natural del mundo. Todos lo hacemos. Lo estás haciendo ahora. Tus ojos, piel, intestino, sangre y cerebro están todos improvisando, cada uno por su cuenta y todos juntos. Igual que un bosque o el tráfico en nuestras carreteras o los correos electrónicos en internet o el suministro de alimentos en la ciudad de Nueva York, los flujos más espectacularmente complejos se organizan en una danza maravillosamente compleja e improvisada. No hay nadie al timón. La pandemia mundial de 2020 nos lo dejó inequívocamente claro.

Entenderlo es una fabulosa liberación. En el pasado, cuando la mayor parte de lo que sucedía estaba más allá de nuestra comprensión, la búsqueda obstinada del control tenía sentido. Pero ya no.

Una vez dirigí con mi amigo Edward Espe Brown un curso llamado Siéntate Estira Come Juega, que combinaba meditación, yoga, cocina e improvisación (de ahí el nombre). Un día, después de la meditación, Ed estaba reflexionando sobre la cuestión del control, que alguien había planteado: «Es gracioso que de verdad queramos algo así, ¿no? Porque nunca lo podemos tener, e incluso si pudiéramos... Bueno, *eso* sí que sería aburrido».

La promesa de que, una vez que tengamos todo ordenado y marcadas todas las casillas, podremos ser felices es una ilusión, y una aburrida. ¿Quién quiere una vida así?

Esto no significa que tengamos que renunciar a una forma de pensamiento tan exitosa, pero sí comprender sus límites. Un plan, un guion o una receta tienen un alcance limitado. Hay otras respuestas inteligentes que complementan el enfoque que tenemos actualmente. La improvisación es una de ellas. No solo te ayuda a navegar por el desorden. Es una manera de ser feliz en él.

Tomarnos en serio un par de esas sencillas ideas que nos ofrece la improvisación puede cambiar cómo nos tomamos nuestra vida cotidiana y nuestro trabajo. Nos ayudan a aceptar, con humildad, que el papel que jugamos en este mundo incomprensiblemente complejo es pequeño. Nos ayudan a disfrutar lo que la incertidumbre nos trae, en lugar de tratar, constantemente, de acabar con ella.

Nos aportan algunas ideas sobre cómo seguir adelante mientras avanzamos hacia «ese mundo más bello que nuestros corazones saben que es posible»,[*] aunque aún no lo podamos ver ni describir. Nos permiten reconectarnos con nuestra propia irreductible e improvisada naturaleza y, lo más importante, nos ofrecen algo práctico y simple de hacer.

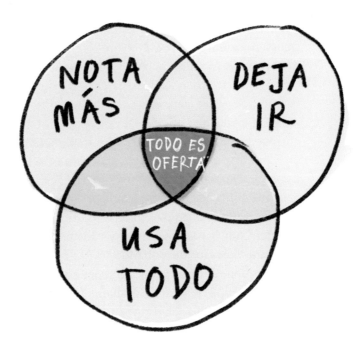

* El mundo más bello (que nuestros corazones saben que es posible), por Charles Eisenstein.

**   *Oferta* (*offer*, en inglés) es un término técnico del lenguaje de improvisación que tiene un sentido mucho más amplio que el meramente económico. Entendemos *oferta* como «propuesta» u «oportunidad». *(N. de la editora.)*

¿Qué es lo que aporta significado a la vida?

A menudo, la búsqueda de la felicidad pasa por alto que otras emociones como la tristeza, la ira, la vulnerabilidad o los celos son parte integral de la experiencia humana. Es el yin y el yang, la luz y la oscuridad, no se puede tener lo uno sin lo otro; incluso un agujero negro contiene luz en su interior. Las buenas y malas experiencias dan sentido a tu vida y representan oportunidades de crecimiento y transformación. Es un poco como el dolor. En realidad, todo lo que puedes hacer es rendirte y honrar ese dolor y ese sufrimiento emocional hasta que pase. Dar la espalda a los sentimientos negativos no hace que desaparezcan, sino que, simplemente, encuentren otra forma de aparecer en tu vida, como síntomas físicos o como represión que puede manifestarse en un comportamiento adictivo.

En su charla TED «Hay algo más en la vida que ser feliz», Emily Esfahani Smith pregunta: «¿Puede la búsqueda de la felicidad hacernos infelices?». Esfahani Smith describe la felicidad como sentirse bien en un momento dado, mientras que una vida con sentido es algo duradero, que te hace pensar en los demás y en ser tu mejor versión. El sentido no solo se encuentra en las conexiones humanas y en crear una nueva historia para ti mismo, sino también en las experiencias que trascienden lo cotidiano. Aportan claridad, perspectiva e inspiración. Cosas como el yoga, la meditación, el arte, la música o el ejercicio. Cualquier cosa que te haga sentir que estás conectado a algo más grande puede tener significado. Puede que te anime a soñar, crear, imaginar o, simplemente, ser. En un momento dado, cuando intentaba que se me ocurriera un nombre para una nueva aventura empresarial, fui a un retiro de yoga. Al final de una sesión, en *Savasana* (la parte en la que te relajas), visualicé en mi mente las palabras «Doing Death» incrustadas en una imagen del sistema solar. ¡Llevaba meses intentando que se me ocurriera un nombre! Pero en ese momento de espacio y trascendencia experimenté una claridad total.

La mayoría de las personas, en su lecho de muerte, no dicen que desearían haber trabajado más. Pero dado que el trabajo ocupa una gran parte de nuestra vida, es mejor intentar que tenga sentido. Intenta hacer algo que disfrutes, por lo que te paguen, y si no te gusta, intenta cambiarlo. Encuentra tiempo para ayudar e inspirar a los demás. Encuentra algo que te importe, encuentra tu propósito, encuentra satisfacción.

La muerte como maestra

A veces, cuando salgo del hospital de cuidados paliativos al acabar mi turno, tengo la sensación de que estoy viviendo las cosas de manera diferente. Percibo las nubes en el cielo, la luz que se refleja en las hojas, el viento en mi cara. Es una sensación curiosa. Nuestro día a día es tan importante como aquello por lo que nos esforzamos. Esos días abrazo a mis hijos un poco más fuerte y me siento agradecida. Ser consciente de la muerte me ha hecho apreciar las cosas simples de la vida.

Vivir cada día como si fuera el último no es práctico, pero podrías intentar pasar uno con esta mentalidad. ¿Cómo te sentirías? Un día lleno de micromomentos que importan. A tus seres queridos les dirías, tal vez, lo que significan para ti. Es posible que aceptaras mejor tus propios defectos y los de los demás. O que las dificultades del día a día te molestaran menos. Quizá fueras menos tímido o más auténtico. Podría incitarte a ser más amable y compasivo con quienes te rodean.

La muerte aporta claridad a la vida. Te permite vivir más en el presente y ser consciente de la belleza cotidiana en las personas y experiencias. Si tu cabeza pasa demasiado tiempo en el futuro o presa en el pasado, te olvidas de vivir el presente, con el corazón.

¿Cuál es tu legado?

Uf, ¡lo conseguiste! Aquí estamos. Ahora sí. Ahora llega el grande. El último consejo que te puedo dar. ¿Listo? Vamos.

HAZ COSAS QUE IMPORTAN PARA QUE PUEDAN SER UN LEGADO PARA LOS DEMÁS.

Suena muy pomposo, ¿no? Y debería, porque ser capaz de dejar huella para que otros la descubran y construyan a partir de ahí es realmente poderoso. Todos podemos hacerlo.

Quiero que esta declaración te haga sentir fuerte y poderoso, que te inspire a hacer grandes cosas, pero también quiero que suene realista. Debes hacer y crear cosas que te importen, que se conviertan en un legado; para tu perro, para tus propios hijos o para toda la especie humana... Depende de ti.

Tu éxito y tus objetivos son exactamente eso, tuyos. A todos nos encantaría cambiar el mundo, salvar el medio ambiente, revolucionar la educación, acabar con la pobreza y el hambre, y para algunas personas ese es el objetivo, su camino y su legado. Pero si lo que quieres es comenzar un negocio de origami en Warwick porque te encanta la papiroflexia, no dejes que la diferencia de escala te haga sentir que su impacto es menor. Ese es tu camino y ese será tu legado. Todos ayudaremos al mundo colectivamente si vivimos nuestras vidas de manera apasionada, positiva y honesta, dedicándonos a las cosas que nos importan.

La felicidad es una moneda universal; una sonrisa se entiende en todo el mundo. Si con lo que haces consigues que alguien sonría incontrolablemente, entonces estás haciendo algo muy potente; no subestimes su valor. Si todos pudiéramos provocar más sonrisas y menos muecas, ¡entonces, de paso, también estaríamos cambiando el mundo!

Y tu legado como persona es aún más importante, lo que aportas al mundo como individuo. Tus proyectos, actividades y pasiones son muy reveladores, porque son una extensión natural de ti como ser humano.

Sé amable, sé humilde, sé honesto, sé abierto, sé solidario, sé compasivo, sé paciente, sé comprometido, sé entusiasta, sé dedicado, sé verdadero, sé absolutamente encantador. Sé todas estas cosas y más, porque esta es la verdadera señal del éxito. Hay una película que me encanta desde que era joven, pero solo cuando la volví a ver como adulto me di cuenta de que el mensaje más inspirador y honesto estaba en la escena final. Es realmente impresionante teniendo en cuenta que se trata de un musical de gánsteres de 1976, con un elenco de actores infantiles (que cantan con voz de adulto). Sí, lo has adivinado, *¡Bugsy Malone!* Me da la sensación de que es la manera perfecta de terminar el libro. «¿Por qué?», te oigo gritar, confundido. Porque creo que extraer nuestras últimas palabras de inspiración de una película que es toda energía y corazón, con esa situación maravillosamente absurda de niños disfrazados de adultos tratando de abrirse camino en el mundo, encaja a la perfección.

Así que aquí os las dejo, porque nunca ha habido palabras más ciertas...

DAS UN POCO DE AMOR Y TODO VUELVE A TI

VAS A SER RECORDADO POR LAS COSAS QUE DICES Y HACES

DISFRUTA DEL VIAJE, ES TU VIAJE

Ocúpate de cada día, uno a uno.
No te quedes en el pasado. No vivas
en el futuro. Sigue trabajando en el
ahora. Concentrado. Trabajando en lo
que te importa. Quédate en el ahora.
No pierdas tu tiempo lamentándote.
Da las gracias por cada día. Y disfruta
del viaje. Es tu viaje. Tú tomas las
decisiones. Haz que tu mente busque
lo positivo y no lo negativo. Rodéate
de personas que te acepten y no
te depriman. Incluso en los días más
difíciles, mirarás hacia atrás con
una sonrisa.

ES HORA DE TOMAR ALGO

Casis

Un hermoso y vivo licor que evoca el verano. Perfecto sobre helado, en sorbetes o, mejor aún, añadiendo un chorrito al vino blanco para hacer un Kir, o al cava, prosecco *o* champagne *para un Kir Royale. Delicioso.*

Ingredientes

Para aproximadamente 1 litro

—

500 g de grosellas negras, recién recolectadas y seleccionadas
500 ml de brandy o vodka
200 g de azúcar

Elaboración

Coloca las grosellas negras en un frasco y cubre con el brandy (o vodka, si lo deseas). Sella y deja en un lugar fresco y oscuro durante al menos 6 semanas.

Cuela las grosellas negras con una muselina y reserva el licor. Mezcla el licor de grosella negra con el azúcar en una botella y guárdala.

Agita la mezcla dos veces al día hasta que el azúcar se disuelva por completo. El azúcar es aquí una cuestión de gustos; quizá te guste con un poco más o un poco menos, así que prueba y corrige una vez esté hecho.

Se conservará hasta un año en un armario fresco y oscuro.

Ginebra de ruibarbo

Esta es una forma fácil pero también bastante sofisticada de capturar el sabor fresco del ruibarbo en una botella. Es delicioso para beberlo solo, como un gin tonic diferente o para complementar un cóctel y darle un toque divertido.

Ingredientes
Para 500 ml

—

250 g de ruibarbo (cuanto más rosado, mejor) cortado en trozos de 1,5 cm
400 ml (1 taza y ¾) de ginebra
120 g de azúcar

Elaboración

Pon la fruta en un frasco y cubre completamente con ginebra. Conserva en un lugar fresco y oscuro durante una semana.

Cuela la mezcla con una muselina, reservando el líquido. Viértelo de nuevo en la botella. Un embudo te puede ir bien. Agita la botella todos los días hasta que el azúcar se disuelva.

Tu ginebra está lista para disfrutarla, ¡solo tienes que añadir hielo y tónica!

Guárdalo en un lugar fresco y oscuro. Debe beberse antes del año.

Bebida de arándanos, menta y lima

Afrutada y picante, esta bebida tiene un gran sabor.

Ingredientes

Para aprox. 1 litro

—

500 ml de zumo de lima (aprox. 16 limas)
30 hojas de menta
500 g de arándanos
650 g de azúcar
500 ml de agua

Elaboración

Coloca todos los ingredientes en una cacerola y lleva a ebullición, removiendo de vez en cuando para disolver el azúcar. Hierve durante 10 minutos (no más, de lo contrario se convertirá en gelatina).

Cuela el almíbar con un colador para separar los arándanos y las hojas de menta.

Envasa en frascos esterilizados mientras aún esté caliente. Cierra y deja enfriar antes de guardar en la nevera.

Se mantiene durante un mes. Nota: No tires los arándanos, mézclalos con un par de manzanas y haz una tarta.